당신은
창업하지
않을 수
없다

그때가 언제든
인생의 어느 순간

당신은
창업하지
않을 수
없다

이정협 지음

SNOWFOX

이대로 괜찮은가!

지금 당신이 왜 이 책을 보는지 알 것 같다. 만난 적 없지만 어떻게 살았는지도 알 것 같다. 당신이 회사원이라면.

회사원, 직장인, 샐러리맨. 우리는 안다. 아무리 흔하고 익숙해도 이 단어에 자신이 포함되기까지 얼마나 힘들었는지, 이렇게 되기 위해 20년 넘게 얼마나 노력했는지.

그렇게 공부한 것도 부족해서 공모전, 인턴, 봉사 활동, 교환학생, 어학연수, 각종 자격증 취득까지. 혼을 갈아 넣은 자소서를 수십 장 쓰고 인적성, 1차 면접, 임원 면접까지 얼마나 긴장하고 또 몇 번의 고배를 마셔야 했는지.

입사에 성공하고 첫 출근 후 처음 받은 명함에 어깨가 으쓱해지고 누군가에게 명함을 줄 때 짜릿함과 황홀함이 있었을 것이다. 해가 지나 연말 정산도 해봤을 것이다. 상여금과 성과금도 받고 자동차도 사고 진급도 해봤을 것이다. 이래저래 받는 스트레스를 술로 푸느라 배는 조금 나왔을 수도 있겠다.

안다. 당신이 얼마나 열심히, 멋지게 살아왔는지. 당신이 지금까지 한 모든 노력에 진심으로 박수를 보내며 존경을 표한다. 그리고 먼저 사과드린다. 앞으로 이 책에서 전할 내용에 대해서.

직장인 시절의 나를 만난다면 나는 사과 하고 싶다. 그래서 대신 당신에게 전한다. 미안하다. 정말 미안하지만 지금까지 한 열심과 노력은 충분하지 않다. 누군가 나 같은 선택을 한다면 오랜 시간 홀로 걸어야 할 것이다.

하지만 가야 한다. 지금 가지 않으면 더 늙고 지치고 병든 몸으로 가야 할지도 모른다. 지금보다 책임질 사람이 더 많아져서 어깨에 무거운 짐까지 지고 가야 할 수도 있다. 그래서 지금부터라도 준비를 시작해야 한다.

캐럴 로스라는 미국의 비즈니스 전략가의 책 『당신은 사업가입니까』(The Entrepreneur Equation)라는 책을 읽고 나서 든 생각은 "와 사업하면 안 되겠구나"였다. 책을 간단하게 요약하면 '가능하면 사업하지 마라'다.

사업 할 때에 어떤 어려운 일들이 있고 얼마나 힘들게 할지 겁을 주는 내용이 대부분이다. 겁을 너무 줘서 장르를 분류할 수 있다면 비즈니스 스릴러나 비즈니스 호러로 분류하고 싶을 정도다.

반면 이 책 『당신은 창업하지 않을 없다』는 한마디로 '창업하세요' 다. 지금까지 온 힘을 다해 애써온 당신에게 더 힘든 일을 제안하는 책도 맞다.

수백대 1의 경쟁을 뚫고 꿈꾸던 회사에 취업해서 열심히 일하고 있는데 벌 만큼 벌면서 잘 살고 있는데, 굳이 창업해야 할까? 나도 한때 그렇게 생각했고 그렇게 믿고 싶었다. 하지만 코트 밖으로 나와 직장이라는 경기장에서 뛰고 있는 회사원으로서 나를 봐야 한다.

지금 나의 플레이가 마음에 든다면 그대로 있으면 된다. 메시와 호날두와 처럼 경기장을 누비며 MVP를 휩쓸고 있다면 그대로 회사에 다녀야 한다. 메시와 호날두에게 '축구는 이만하면 된 것 같으니 이제 농구를 해보자'라고 누군가 제안하면 그 사람이 정신 나간 것이다.

하지만 지금 나 자신의 플레이가 마음에 들지 않는다면? 마음에 들어도 몸에 맞지 않은 옷을 입은 것처럼 불편하고 어색하다면? 불안하거나 미덥지 못하면?

생각해봐야 한다.
지금 이대로 정말 괜찮을지 말이다.

CONTENTS

CHAPTER 4

무엇이
필요한가

CHAPTER 1

왜 해야 하는가

1
지금 당장 내 미래를
확인하는 방법

졸린 눈, 무의식과 의식 그 중간 어디에서 스마트 폰을 향한 눈동자. 오늘 하루가 시작됐다는 걸 인증하는 따뜻한 커피 한잔을 들고 나면 사무실이다. 하루 사이 쌓인 이메일을 보거나 오늘 스케줄을 보는 것으로 업무는 시작된다. 누구나의 루틴. 직장인이라는 명찰을 단 모두의 모습이다. 어쩌면 30년 쯤 반복될.

비범함은 평범한 일을 꾸준히 하는 사람이라 했다. 그런 의미로 대다수의 직장인은 역설적으로 모두 위대하다.

나는 당신을 모른다. 하지만 만약 당신이 직장인이라면 당신의 5년 혹은 10년 뒤의 모습이 깨나 쉽게 그려진다. 지금 싱글이라면 가정이 생겼을 테고 독신주의가 아니라면! 쌓인 스트레스를 풀 유일한 통로로 여긴 거나한 술자리 탓에 탄력 잃은 피부와 제법 나오기 시작한 볼록한 배를 갖고 있을 것이다. 적당한 수순을 밟아 진급을 했을 수도 있고 그 어느 때보다 더 많은 업무를 처리하는 것은 내 능력의 반증이라고 여기며 스스로를 대견하게 여기고 있을 것이다. 이런 표현에 은근한 부정적 시점이 느껴진다면 사실 확인은 어렵지 않다. 지금 곧장 당신의 상사를 보라.

우리는 매일 아침 자신의 미래와 출근 중이다. 근래는 수평적 조직이 확장되는 추세지만 통상 신입 기준으로 4년 후에는 대리, 8년쯤에는 과장, 12년 차에는 차장이 되고 16년 후에는 부장이 된다. 그리고 20년 쯤 되면 임원이 될 수 있다. 우리는 이 모든 직급과 사연을 가진 동료로 이뤄진 미래의 나와 출근하고 있다. 물론 그들은 내가 아니다. 그러나 같은 조직, 같은 방향성을 가진 모두 속의 개인이라면 큰 관점에서 그들은 나 자신이 다.

아인슈타인의 유명한 말 중에 '미친 짓이란 같은 일을 반복하면서 다른 결과를 기대하는 것'이라는 말이 있다. 곧 다가올 나의 미래, 수 많은 여러 명의 나를 보라. 이보다 더 강력한 경각심은 없다.

당신이 그리는 미래는 어떤 모습인가? 그려 놓은 미래의 모습은 만족스러운가? 높은 직급까지 오른 임원을 보며 그들의 성공이 부러워 설레기까지 할 수 있다. 개인 사무실과 비서, 고급 업무용 차량과 기사는 꿈 그 자체다. 유수의 기업 임원들과의 회동, 수많은 엘리트 직원의 리더로써 회사의 중대한 일을 처리하는 모습은 한편의 드라마다. 거기에 보통 사원과는 비교도 되지 않는 수준의 연봉이라니.

나와 가족 모두 누리기에 충분한 경제적 여유를 누리고도 퇴직 후 나를 스스로 부양할 수 있는 돈. 높은 직급의 승진은 현재뿐 아니라 미래까지 뻗은 보호막 그 자체다.

그렇기에 만약 누군가 나에게 찾아와 '저는 언제까지 직장생활을 하면 될까요?'라면 물으면 나는, "당신이 대기업에 다니고 있고 그 조직에서 임원으로 승진이 보장돼 있으며 대략 10여 년 정도 그 임원직이 유지될 것으로 예상된다면 죽을 때까지 계속 다니시는 게 좋겠다."라고 답할 것이다.

하지만 이 경우가 아니라면 내 대답은 언제나 같다.

"지금 당장, 당신 주변의 모두를 보라. 당신의 상사를 보라. 그리고 그 무리에 낀 자신의 미래가 싫다면 지금 이 순간부터 미래를 준비하시라"고 말이다.

2
오르지 않는 것도 방법이다

"자네는 어디까지 올라가고 싶은가?"

상사들이 신입사원에게 간혹 던지는 별 의미 없는 질문이다. 어떻게 답변하든 신경 쓰지도 않는다. 하지만 삶을 기획하는 데 상당한 의미를 가진 질문이다. 주어를 살짝 바꿔보자. 그 의미가 더욱 명확해질 것이다.

나는 어디까지 올라갈 수 있는가?

이 질문을 해 볼것을 제안한 이유는 '오르지 못할 거라면 오르지 않는 것도 방법'이기 때문이다. 아무리 노력해도 올라가지 못할 나무라면 그 에너지를 다른 데 쓰는 편이 훨씬 더 경제적이다. 그렇지 않은가?

목표가 임원이라면 성공 확률이 얼마나 될까? 물론 '얼마나 노력할 것인가'라는 변수가 있지만 방법은 간단하다. 회사 조직도를 살펴보라. 평사원이 이사, 상무, 전무, 부사장 혹은 사장이 되기까지 경쟁률이 어떻게 되는가?

지금 다니는 회사의 직원과 임원 수를 비교해도 되고 포털사이트에서 대기업 임원 경쟁률을 검색해봐도 된다. 검색하면 대략 130대 1 정도라고 나왔다 치자. 수백 대 일의 경쟁률을 뚫고 입사했으니 그 정도 경쟁률이야 열심히 노력하면 해볼 만할까? 회사는 이미 수백 대 일의 경쟁률을 뚫고 입사한, 바로 나 같은 사람들의 리그다. 과연 이 경쟁을 뚫고 임원 자리에 오를 수 있을까?

물론 가능하다. 남들보다 더 많은 시간과 노력을 투자하고 더 많은 성과를 올린다면. 시간은 누구에게나 공평하다. 아무리 잘나도 똑같다. 그러니 더 많은 시간 일하려면 자신이나 가족, 사랑하는 사람에게 쓸 시간을 희생해야 한다.

내가 신입사원이던 시절, 연수원에서 어느 임원이 "나는 늘 일하느라 바빠서 아이들 입학식이나 졸업식에 가본 적이 없어요."라고 했다. 애사심으로 불타오르는 신입사원이라면 영웅담처럼 들릴 수 있다. 실제로 그 임원은 이후 부사장까지 지내고 퇴사했다. 직장인으로서는 분명 성공한 셈이지만 퇴직한 다음에는? 퇴직하고 집으로 간 그가 과연 가족 관계를 회복할 수 있을까? 무엇보다 그 임원의 전철을 밟고 싶은가?

우리는 이런 경우를 흔히 본다. 드라마 〈미생〉을 기억하는가? 바둑만 두던 장그래가 인턴으로 취직한 후 겪는 직장생활의 애환을 그린 수작이다. 나는 사실 조금 이 드라마가 불편했다. 주인공들이 회사를 위해 자기 삶을 희생하고 그것이 미화된 것을 보는게 그랬다. 잦은 야근과 고객 접대, 취한 상사를 모셔다 주고 쓰러져 상사의 집 앞에서 아침을 맞는 주인공.

정말로 그들이 멋지고 열정적이라고 생각되는가? 정말로 그것이 성공의 지름길일까? "사람들이 실패하는 이유는 지금 원하는 것을 얻기 위해 가장 원하는 것을 포기하기 때문이다." 미식축구 선수 엠마뉴엘 아쵸가 TV 프로그램에서 한 말이다. '최대한 승진하기'가 자신이 가장 원하는 것이라면! 그렇다면 치열하게 경쟁해서 올라가자. 하지만 그게 아니라면 진지하게 뒤돌아보자. 지금 필요한 것을 위해 내 삶에서 가장 중요한 것을 포기하고 있지는 않은지를 말이다.

오를 가능성이 아주 낮거나 기회비용이 너무 크면 오르지 않는 것도 방법이다. 포기하자는 게 아니다. 경제적이고 현명한 선택을 하자는 것이다. 모두가 한 방향을 향해 달리면 1등은 오직 한 명이지만 사방으로 흩어져 달리면 누구나 승자가 될 수 있다.

취업했으니 으레 승진만을 향해 달리는 것보다는 방향을 바꿔 보는 현명한 선택은 어떤가?

회사는 절대 내 인생을
책임지지 않는다

네이버 5.8년, SK텔레콤 12년, 삼성물산 12.1년, 삼성전자 12.4년, 대한항공 16.7년, POSCO 19.1년, KT 21.6년, 1등을 차지한 기아 22.1년. 그리고 83.6세, 3년.

어떤 숫자일까? 코스피 시총 50위권에 드는 대기업 근속연수다. 2021년 각 기업의 사업보고서를 토대로 삼성전자는 12년 조금 넘고 근속연수가 가장 긴 기아는 22.1년이다. KT나 기아의 20년 넘는 직장생활이 엄청 길어 보일 수 있지만 사실 전혀 그렇지 않다. 28세에 취업했다면 50세에 퇴직한다는 뜻일 뿐이다.

83.6은 2021년 생명표에 따른 한국인의 기대 수명이다. 그리고

MZ세대들이 현재의 회사에 머무를 것으로 생각하는 기간이 3년이다. 굳이 계산하지 않아도 현실이 눈에 보일 것이다. 근속연수가 긴 대기업에 다닌다 해도 30대 중반이나 40대, 50대면 퇴직하게 된다. 기대 수명까지는 무려 30년 이상 남았다. 회사에 다니는 동안 받은 월급으로 노후생활이 가능할까?

회사는 직원들의 인생을 책임지지 않는다. 나도 알고 모두가 안다. 회사와 직원은 고용주와 피고용인일 뿐이고 회사가 지는 책임은 정해진 날짜에 통장으로 들어오는 급여뿐이다.

솔직히 말해보자. 지금 다니는 회사가 30년 뒤에도 있을지 장담할 수 있을까? IMF나 국제금융 위기 때 우리는 오래된 거대기업들이 무너지는 것을 봤다. 그리고 길거리로 나앉던 수많은 직장인을 봤다.

큰 기업은 큰 기업대로, 작은 기업은 작은 기업대로, 직원의 삶에 신경 쓰고 책임질 여력이 없다. 책임지지 않는 게 아니라 책임지지 못한다. 문제는 상황이 이래도 사람들은 마치 회사가 내 인생을 책임져 줄 것처럼 여긴다는 것이다. 혹시 나는 그렇지 않다고 화내고 있는가? 어제도 오늘도 그리고 내일도 회사에 출퇴근만 하고 있다면 미안하지만 당신도 그렇다!

울면 부모가 달려온다는 걸 알기 때문에 배가 고프거나 불편하면 그저 우는 아기와 다를 바 없다. 회사만 열심히 다니면 모든 일이 술술 풀릴 것으로 믿는 것 아닌가 말이다.

'미필적 고의'라는 법률용어가 있다. 범죄가 발생할 수도 있다는 것을 알면서도 그 행위를 하는 심리상태다. 행인을 칠 수 있다는 걸 알면서도 골목길을 질주하거나, 누군가 맞을 수도 있는 걸 알면서 창밖으로 화분을 던지는 행위 같은 행동이다.

회사가 자신의 인생을 책임지지 못한다는 걸 알고도 미래를 위해 아무것도 하지 않는 상태야말로 미래의 불행에 대해 미필적 고의가 아니고 뭘까?

"당신은 당신 삶에 책임이 있다. 만약 당신이 그냥 앉아서 누군가 당신을 구하거나 도와주기만 기다린다면 시간을 낭비하는 것이다. 왜냐하면 오직 나만이 내 삶을 앞으로 나가게 할 책임을 질 수 있는 힘을 갖고 있기 때문이다." 오프라 윈프리가 방송에서 한 말이다. 그녀의 말이 옳다. 내 삶을 책임 질 사람은 나 자신뿐이다. 내 미래를 방관하지 말자. 미래를 직시하고 스스로 생각하고 스스로 움직이자. 상황을 파악하자. 문제를 알아야 문제를 해결할 수 있다.

4

수단일까, 목적일까?

직장 동기나 취업한 친구와 마시는 가장 좋은 술 안주는 삼겹살, 골뱅이무침, 치킨이 아니다. 보기 싫은 상사, 얄미운 직장 동료, 회사 욕하기다. 스트레스 원흉이기 때문이다. 하지만 술 고파지게 만드는 날들이 지나 월급날이 되면 상황은 조금 나아진다. 금융 치료를 받으면 스트레스가 좀 풀리기 때문이다.

치료가 될 만큼 보수가 괜찮은 직장이면 다행이지만 그도 아니면 월급은 정말로 통장을 그저 스쳐 지나갈 뿐이다. 이렇게 직장생활의 단맛과 쓴맛, 장단점을 두루 겪고 있다면 '지금 내가 왜 여기 있는가?'라고 질문을 던져 보자. '취업에 무슨 거창한 동기? 돈 벌려면 당연히 해야지.'라고 생각할 수 있다. 어쩌면 지극히 자연스러운 생각이다. 태어나서 대학 졸업까지 부모님 도움을 받았는데 졸업 후에도 용돈을 받으면 당연히 눈치 보인다. 내가 가고 싶은 회사가 아니라 나를 뽑아주는 회사에 들어가고 월급 꼬박꼬박 나오는 것만 해도 감지덕지다. 이런 상황에 취업의 동기를 따지다니 어불성설이다.

하지만 이 질문이 배부른 말 같은 것은 우리가 취업해서 먹고 사는 일을 선택하지 않았기 때문이다. 우리에게 취업은 선택사항이 아니었다. 대학 4학년이 되면 너무도 자연스럽게 취업 준비를 시작한다. 물려받을 기업이나 재산이 있어서 군이 경제활동이 필요 하지 않은 사람은 제외하자.

인생을 사는 유일한 방법이 아닌데도 우리 대부분은 취업을 목표로 움직인다. 자동차를 좋아하면 완성차 회사에 지원하고 게임을 좋아하면 게임회사에 지원하고 대기업을 선호하면 대기업에 지원한다. 하지만 이건 회사를 선택하는 것이지 취업 자체를 선택하는 행위가 아니다.

'임금을 받을 목적으로 일자리를 얻는 행위', 이것이 취업의 사전적 의미다. 그렇다. 취업의 목적은 돈이다. 대부분 돈을 벌기 위해서 취업 한다. 그렇다. 취업은 돈을 벌기 위한 수단일 뿐이다. 여기서 생각해 볼 것은 '그렇다면 취업은 돈을 벌 수 있는 유일한 수단 인가?'라는 질문이다.

대답은 당연히 No다. 취업은 돈을 벌기 위한 보편적인 수단일 뿐 유일한 수단은 아니다. 취업 외에도 돈 버는 방법은 많다. 남들에게 자신이 맛있게, 많이 먹는 것을 보여주면서도 돈 버는 시대 아닌가.

만일 취업이 목적이라면 이미 취업한 사람은 고민할 이유가 없다. 목적에 충실하면서 행복하게 살면 된다. 하지만 취업이 돈을 벌기 위한 수단이었다면 진지하게 생각해 봐야 한다. 돈을 벌기 위해 취업 외에 어떤 선택이 가능한지 말이다.

자동차를 살 때도 사용 목적에 따라 차종과 가격, 성능, 디자인과 색상을 꼼꼼하게 고른다. 약속 장소에 갈 때도 버스나 지하철, 자동차 중 이용 방법을 선택한다. 이런 작은 일도 선택을 하는데 취업만이 돈 버는 유일한 방법으로 귀결 시켜 버리기에는 우리 인생이 너무 귀하다. 자신이 도달한 현재 위치에 점을 찍고 위쪽 어느 나이쯤에 목표금액을 표시해보자. 출근-근무-퇴근-출근이 반복된 후라도 그 지점에 갈 수 있는지 직접 따져 보자.

5

돈 ≠ 직장생활

취업에 성공한 행운아이고 취업 자체가 목적이었으며 현재 직장이 내가 하고 싶은 그 일을 하게 해주며 보수까지 두둑하게 챙겨준다면 이 책은 필요 없다. 하지만 돈을 벌기 위해 취업했다면 취업과 돈을 꼼꼼히 따져 보는 일이 시급하다. 취업이 돈이라는 목적을 이루기에 적합한지 검증해보기 위해서다.

목적에 대한 수단이 적합한지 보려면 가능성과 효율성을 따져야한다. 예를 들어 보자. 서울에서 제주도를 가는 방법이다.

1. 김포공항으로 이동한 후, 비행기를 타고 제주공항으로 간다.

2. 기차나 버스로 제주행 여객선이 있는 항구로 가서 배를 타고
간다.

3. 자동차로 제주행 여객선이 있는 항구로 가서 자동차까지 배에 싣고
제주로 간다.

이 중에서 효율성을 따져보면 된다. 두말할 것 없이 1번이 가장
흔한 방법이다. 광역버스보다 더 자주 비행기가 서울과 제주를 오
간다. 저가 항공사를 이용하거나 요일과 시간대를 조정하면 항공권
도 저렴하게 구할 수 있다. 공항까지 이동시간을 감안해도 두세 시
간이면 제주도에 도착할 수 있다.

2번은 1번보다 조금 더 저렴하지만 시간이 더 많이 걸린다. 돈보
다 시간이 소중한 사람이라면 선택의 여지가 없다. 대신 즐거움과
낭만, 여유가 더해지는 선택이다.

3번은 항구까지 직접 운전해야 하고 시간이 더 걸릴 수 있다. 하
지만 여행 가방을 들고 이동하지 않아도 되고 새로운 경유지를 추
가할 수도 있다. 도착지인 제주도에서 차량을 대여하지 않아도 되
니 비용 면에서도 크게 손해 볼 것 없다.

제주도에 갈 때 쉽게 떠올릴 수 있는 접근법이고 장단점과 유불
리를 따져 적합한 루트를 선택하면 된다. 어렵지 않다. 이렇게 따져

볼 수 있다면 돈과 직장생활도 같은 방식으로 검토해볼 수 있다.

목표금액을 먼저 정해보자. 수명, 질병, 자녀 결혼 등 변수가 많아서 정확한 금액 산정은 어렵다. 하지만 연간 3,600만 원 정도는 필요하다고 보면 퇴직 후 30년 동안 대략 10억 원이 필요하다. 이제 가능성과 효율성을 따져보자. 먼저 가능성에 관한 질문이다. 나는 직장생활을 마치는 시점에 목표금액을 모을 수 있는가?

두 번째, 효율성에 대한 질문이다. '직장 생활을 모두 종료하는 시점에 목표액을 가지려면 현재 직장에서 계속 일하는 것이 가장 효율적인가?'

가능성과 효율성 질문에 대한 대답이 Yes!라면 고민할 필요 없다. 현재의 직장에 충실하면서 노력해서 승진하고 돈도 벌면 된다. 하지만 대답이 No!라면 당신은 대안을 찾아야 한다.

대안이라면 가장 먼저 이직이 떠오를 것이다. 현재 직장에서 퇴직할 때까지 보통 수준으로 진급해도 목표금액을 모을 수 없다면 이직으로 몸값을 높이는 것도 좋다. 하지만 몸값을 올려줄 직장이 있어야 한다. 따라서 자신이 갈 수 있는 회사 중 현재 직장의 연봉이 제일 높다면 이직은 대안이 될 수 없다.

이제 방법이 없는 걸까?

있다. 생각의 틀을 완전히 바꾸면 보인다. 월화수목금금금 일해

서 승진하거나 이직하는 게 아니라 돈을 벌 수 있는 다른 차원의 수
단을 찾아보면 된다.

6

고민의 시작

"명확히 진술된 문제는 반은 해결된 문제다"

GM제너럴 모터스 부사장이자 연구소 소장이었던 미국의 발명가 찰스 케터링이 한 말이다. 그렇다. 문제를 해결하려면 문제를 정확히 진단해야 한다. 문제의 명확한 진단을 위해서는 그 문제가 왜 발생했는지 이해가 선행돼야 한다. 하지만 한 번도 경험해보지 못한 '어떠한 것' 때문에 발생한 문제는 원인이 쉽게 파악되지 않는다.

"가장 중요한 것은 눈에 보이지 않는다." 생텍쥐페리의 책 『어린 왕자』에 나오는 말이다. 크고 작은 문제를 일으키는 시간은 눈에 보이지 않는다. 우리는 시간을 늘 생각하지만 시간이 가진 무서운 힘은 제대로 알지 못하고 있다.

시간이 문제가 될 때는 보통 시간이 없는 경우다. '시험이 코앞인데 공부할 시간이 없네', '중요한 미팅에 참석하러 가는데 차가 막혀서 시간 맞추기 어렵겠다.' 등은 얼마든지 예측할 수 있고 철저한 사람이라면 충분히 대비할 수 있는 문제다. 평소에 열심히 공부하고 돌발상황에 대비해 일찍 출발하면 된다.

하지만 반대의 상황이라면? 시간이 너무 많아서 문제가 되는 경우 말이다. 일반적으로 우리는 시간이 너무 많다고 걱정하지는 않는다. 실제로 시간이 많아서 큰일 나는 경우는 거의 없다. 문제는 우리의 착각이다. 지나치게 많은 시간이 남아 있으면 우리는 굉장한 착각을 하게 된다. 정말 중요한 일인데도 수십 년 후에 일어난다고 생각하면 대수롭지 않게 생각한다.

'지구온난화로 50년 뒤에 인도양의 몰디브 섬이 바다에 잠긴다'는 뉴스를 보고 당장 태도를 바꾸는 사람은 거의 없다. 50년이라는 긴 시간이 남아 있으면 사람들은 시간의 가치할증에 사로잡혀 100년 후쯤 일어날 일로 치부한다. 실감 나지 않기 때문이다. 그래서 50년 후에 일어날 일에 대해서 특별한 대비를 하지 않는다. 자신에게 닥칠 일에도 태도는 달라지지 않는다. 긴 시간에 익숙하지 않기 때문에 대부분은 30년 후에 일어날 일을 예측하거나 대비하지 않는다.

시간은 두 얼굴을 갖고 있다. 공평한 동시에 냉혹하다. 어떤 상황에서도 멈추지 않는다. 가을이 지나면 어김없이 겨울이 찾아오듯 30년이나 남아 있던 미래는 1초도 늦지 않고 나에게 현재로 온다.

물론 남아 있는 시간이 30년보다 짧을 수도, 더 길수도 있다. 30년 아니라 50년이 남아 있으면 좋을까? 83세가 아니라 103세에 죽는다면 좋아할지 모르겠다. 현재 한국인의 기대 수명이 83.6세다. 2011년에는 80.62세였으니 이런 추세라면 50년 뒤에는 100세를 넘기게 된다. 50세에 퇴직해서 83세에 죽는다면 33년 동안 살 돈이 필요하지만 100세까지 산다면 50년 동안 살 돈이 필요하다. 80대, 90대에게 월급 주는 회사는 없다. 그렇다면 긴 수명이 축복일까?

이 문제는 피하거나 눈을 감는다고 인생에서 사라지지 않는다. 미래의 그 시간은 분명히 온다. 이 사실을 명확히 인지해야 한다. 그래야 해결할 수 있고 해결할 마음이 생길 것이다.

7

30년 직장생활로는
남은 인생을 대비하지 못한다

인간은 태어나 죽을 때까지 무엇이든 반복적으로 선택한다. 일어날 것인지, 침대에 더 누워있을 것인지, 거실로 먼저 갈지 욕실로 갈지, 친구를 만날지 집에 있을지, TV 혹은 넷플릭스, 그 수많은 콘텐츠 중 무엇을 볼지, 점심은 뭘 먹을지 같은 사소한 모든 행동도 선택의 결과다. 하루에도 얼마나 많은 선택을 하는지 인지하지 못할 정도다. 그러다 뭔가 잘못되고 나면 그때 후회한다. '내가 왜 그런 선택을 했지?'라고 말이다.

선택이 좋은 결과로 이어지기 원하면 선택을 잘하면 된다. 자신이 무엇을 선택하는지 인지하고 그 선택이 가져올 결과를 미리 생각해 보는 것이다. 바둑이나 체스, 오목이나 장기를 두면서 아무 생각도 하지 않는 사람은 없다. 내 '수'와 상대의 '수'를 예측하고 말이나 바둑돌을 움직인다.

마찬가지다. 선택과 행동을 장기나 바둑 두듯 선택에 따른 결과를 예측하면 실수를 줄이고 더 좋은 선택을 할 수 있다. 많이 생각하면 더 많은 수가 보이고 때로는 무릎을 탁, 치게 되는 묘수가 나올 수도 있다. 우리에게 생기는 문제들은 대부분 '내 행동의 결과가 어디까지 영향을 미칠 것인가'를 생각하지 않아서다.

배가 고프면 먹는다. 무엇을 먹든 먹으면 배는 부르다. 하지만 영양소는 필요 이상 섭취하면 건강에 해가 된다. 선택과 결과를 따져보는 사람이라면 '무엇을 먹을 것인가'에 대한 선택이 달라지고 경우의 수도 보인다. 경우의 수와 그 결과를 잘 알고 싶다면 가설을 세우고 질문 해보면 된다.

이런 과정을 취업과 직장생활에 적용해 보자. 최근 파이어족이 일종의 트렌드가 돼가고 있다. FIRE Financial Independence Retire Early, 경제적 자립을 통해 40대쯤 조기 은퇴하겠다는 것이다. 개인적으로는 파이어족을 계획하는 게 일종의 치킨게임으로 보인다. 멀리서 달려오는 자동차를 피할 시간이 충분한데 오히려 그 차를 향해 돌진하는 것처럼 보인다. 따라서 조기 은퇴는 가설에서 제외한다.

질문 1 언제까지 직장생활을 할 수 있을까?

가설 1 큰 사고를 치지 않는다면 60세 쯤 퇴직할 것이다. 위협적인 AI 발전이나 세계 경제 불황 같은 요인으로 더 짧아질 수 있다.

질문 2 운이 좋아 정년에 퇴직하면 얼마의 재산이 있을까?

가설 2 코인이나 부동산 대박이 터지지 않는 이상, 퇴직하는 시점에 10억에서 20억 정도의 순자산이 있을 수 있지만 이 자산은 부동산 같은 비유동성 자산일 가능성이 크다.

질문 3 언제 생을 마감하게 될까?

가설 3 불치병에 걸리거나 사고로 죽지 않는다면 의학 기술의 발전으로 100세 이상 살 가능성이 있다.

종합 가설 보통의 직장인은 약 60세에 10억에서 20억 정도의 비유동성 자산을 갖고 퇴직할 것이고 그 후 약 50년을 더 산다.

정확하지 않아도 이런 범주에서 가설을 만들 수 있다. 이 상황을 전제로 계획을 세워보자. 60세에 퇴직을 하고 10억이 있다면 50년 동안 매년 2천만 원씩, 20억 이면 매년 4천만원식 쓰면서 살면 된다. 아주 큰돈은 아니겠지만 현재 물가로 불가능한 것도 아니다.

잘만 투자하면 추가적인 투자 수익도 더해질 수 있다. 하지만 여기에 추가 가설을 변수로 넣으면 상황이 달라진다.

추가 가설 퇴직 시점에 자녀가 있고 교육이나 진로, 결혼 같은 금전적인 지원이 끝나지 않은 상황이거나 가족의 질병, 사고, 차량 교체 같은 다양한 지출이 필요할 경우다.

결론 가설 매우 높은 확률로 정년으로 퇴직한 후에도 계속해서 경제활동을 할 수 밖에 없다. 결론은 명확하다. 30년 남은그것도 길게 잡아서 직장생활로는 남은 인생을 결코 대비하지 못한다.

이 결론을 토대로 선택 안을 생각해보면

선택안 1 60세지만 재취업 한다.

선택안 2 투자 수익을 만들어 경제활동을 한다.

선택안 3 60세에 창업한다.

1번 선택은 가능할 수도 있지만 현실성이 떨어진다. 대기업의 몇몇 임원들은 퇴직 때 협력사의 임원 자리를 제안 받아 고문 역할도 하지만 극소수다. 영화 〈인턴〉처럼 시니어 인턴 자리를 잡을 가능성도 거의 없다. 2번 역시 크게 매력적이지 않다. 가능은 하겠지만 투자는 기본적으로 손실 가능성이 있다.

선택안 1, 2가 안되면 선택안 3을 고려할 수밖에 없다. 재취업도 안 되고 투자 수익을 만들 수도 없다면 창업이 답이다. 물론 더 만족스러운 선택 안이 있다면 고민할 필요 없다. 하지만 이런 가설과 선택안을 수긍할 수밖에 없거나 이보다 더 좋지 않은 가설만 있다면 이제 다음 질문에 진지하게 고민해 봐야 한다.

질문1 아직도 창업할지, 말지에 대한 선택권이 있다고 생각하는가?

질문2 선택권이 없다면 60세에 창업을 할 것인가, 아니면 한 살이라도 젊을 때 하는 편이 좋을까?

결론은 이렇다.

'언제가 될지는 모르겠지만 당신은 결국 창업하지 않을 수 없다!'

8

창업하지 않을 수 없다

"창업은 언제 하는 것이 좋습니까?"

누군가 물으면 나는 이렇게 대답할 것이다.

"30대가 가장 좋습니다. 차선으로는 40대도 괜찮다고 봅니다."

'왜 20대가 아니고 30, 40대지? 어차피 할 거면 빠른 게 좋지 않나?'라고 생각할 수 있다. 하지만 30대를 추천하는 이유가 있다.

첫째 창업에는 공부가 필요한데 회사에서 배울 것들이 많다. 5년 이상 실무경험을 하면서 진급도 해보고 나름 전문 분야가 생기는 30대가 가장 적당하다. 미혼이거나 결혼했어도 자녀가 없고 부모님도 건강할 확률이 높은 나이가 30대다. 20대를 지나 30대만 돼도 체력이 떨어진다. 그러니 40대, 50, 60대면 오죽할까. 창업에서 체력은 곧 사력社力이다. 창업하면 발생하는 모든 일에 책임져야 한다. 직장이라면 업무로 조율하거나 상사나 회사 차원의 솔루션으로 해결될 것들도 처리가 어려운 경우가 많다. 또 일이 많다는 것은 돈이 들어온다는 의미다. 당연히 몸 사리지 않고 뛰어들 수밖에 없으니 체력이 더욱 중요하다.

둘째 국가의 창업 지원 정책은 대부분 젊은 청년을 대상으로 한다. 창업 지원 국가 프로그램 대상은 청년만 39세 이하인 경우가 대부분이다. 몇 해 전부터 중장년만 40세 이상을 위한 프로그램이 생겨났지만 여전히 청년에 대한 지원이 대부분이다.

창업 초기에 돈은 다다익선多多益善이다. 정부 지원 자금, 당연히 받을 수 있으면 받아야 한다. 멋진 아이디어로 사업계획서만 잘 써내면 예비 창업가에게도 5천만 원 남짓을 지원해준다. 여기서 주요 포인트는 '지원'이다. 그냥 준다. 대출이나 투자가 아니다. 5천만 원이라는 거금을 '열심히 한번 해보세요!' 하면서 준다. 이 돈을 누가 마다하겠는가?

셋째 사업 할 때 가장 중요한 것은 네트워크다. 이제는 무엇을 할 줄 아느냐Know how보다 누구를 아느냐Know who가 더 중요한 시대다. 정보화 시대다. 개인의 지식은 상향 평준화돼 있어서 얻고 싶은 기회의 문을 열어줄 수 있는 사람을 만나는 게 중요하다. 이것이 네트워크로 가능해지는 경우가 많다.

코로나로 한동안 끊겼던 창업가들의 오프라인 네트웍 행사가 다시 시작되는 분위기다. 이런 자리에서는 이미 알고 지내온 창업가들과 친목을 다지기도 하고 새로운 사람들을 만나기도 하는데 대부분 30대 40대다. 간혹 아버지 연령대의 창업가들도 있는데 젊은 사람들이 편하게 대하기는 쉽지 않다. 친구 아버님을 만나는 느낌이다. "이따가 나가서 소주 한잔하실까요?" 같은 적극적인 어프로치를 하기 어렵다. 상대가 나를 쉽게 보는 것도 좋지 않지만 어려워하고 은근히 피하는 것도 마찬가지다. 같은 세대에게는 없는 벽이 하나 놓인 셈이다.

넷째 나이 들수록 지킬 게 많다. 결혼, 가정, 출산, 육아, 모두 시간과 돈이 필요하다. 지출은 더 늘고 부모님 나이도 들어간다. 경제적으로 지원해주는 부모님이 아니라 부양해야 할 부모님이 될 가능성도 커진다. 가족 중 누군가 아프기라도 하면 말할 것도 없다. 이런 상황에서 수입이 비정기적이고 생활도 불규칙해지기 쉬운 창업은 정말 어렵다. 마지막으로 나이가 들수록 트렌드를 따라잡지 못할 가능성이 커진다. 정보 습득 경쟁에서 밀리게 되는 것이다.

얼마 전 지하철에서 학생들의 대화를 들었다. 다양한 주제로 논쟁을 주고받더니 팩트 확인 차 스마트폰으로 검색하면서 네이버나 구글이 아니라 유튜브를 이용했다. 솔직히 충격이었다. 유튜브를 즐겨 보지만 검색 수단으로 쓰지 않았기 때문이다. 이제는 맛 집을 검색할 때도 인스타그램을 더 선호하고 사람들의 의견이 궁금하거나 소통할 때는 스티밋Steemit이나 레딧Reddit 같은 SNS를 사용한다. 나이 들면 이렇게 새로 나오는 기술을 이해하기 어려워진다. 물론 50대나 60대에 시작한 창업이 잘 되지 않는다는 건 아니다. 젊을수록 조금 더 유리한 요소가 있어 승률이 높다는 의미다.

그러나 정말 중요한 것은 '언제 하느냐'가 아니라 '어쨌든 창업해야 한다'는 것이다. 페이스북 창업주 마크 저커버그는 "이렇게 빠르게 변하는 세상에서 당신이 감수할 수 있는 가장 큰 위험은 어떤 위험도 감수하지 않는 것이다. 나는 이것이 사실이라고 생각한다. 당신이 무언가를 위해 변화나 방향을 틀어야 하는 위치에 있을 때 주변 사람들은 그 결정이 초래할 수 있는 위험만 지적할 것이다. 만약이때 당신이 정체되어 그 변화를 꾀하지 않는다면 당신은 반드시실패할 것이다."라고 말했다. 맞다. 위험을 감수하고라도 창업에 뛰어들어야 한다. 그렇지 않으면 더 큰 위험을 맞게 될지 모른다. '피할 수 없으면 즐기라'지만 창업은 정말 힘든 일이다. 따라서 창업을 결심한 사람에게 '피할 수 없다면 맞으라'고 말하고 싶다. 그리고 이왕 맞아야 한다면 빨리 맞는 게 낫다.

9

창업으로 얻을 수 있는 것들

죽음을 앞두고 하는 후회 중 하나는 '어느 한 가지에 몰두해 보지 않은 것, 조금 더 도전적으로 살지 못한 것'이라고 한다. 창업했고 사업에 몰두해본 사람이라면 적어도 이 두 가지 후회는 하지 않을 것이다. 대신 창업한 다음 힘들 때마다 '내가 왜 창업 해서 이 고생일까?'라는 후회를 할 것이다. 때문에 창업도 스스로 납득되는 명분이 필요하다.

우선 창업의 목적이 명확해야 한다. 창업의 순수 목적은 돈을 버는 일이다. 그렇다면 돈은 왜 버는가? 무엇을 하고 싶어서 돈을 버는가? 멋진 차를 사고 여행하고 좋은 음식을 먹으려고 돈을 버는가?

하지만 이런 건 만족감이 커질 뿐 행위 자체의 효능은 마찬가지다. 라면을 먹든 투플러스 한우 꽃등심을 먹든 먹고 나면 배부르기는 마찬가지 아닌가!

그렇다면 창업을 통해 돈보다 귀한 것을 얻을 수 있을까? 있다. 바로 시간이다. 더 정확하게 시간을 주고 얻을 수 있는 것들이다. 세상에는 돈으로 살 수 있는 것, 시간으로 살 수 있는 것, 무엇으로도 살 수 없는 것이 있다. 물질적인 것들은 대부분 돈으로 살 수 있지만 가족, 친구, 연인과의 관계처럼 정말 소중한 것들은 시간이 필요하다. 건강도 어느 정도 시간으로 살 수 있다. 시간을 들여 운동하고 건강검진을 하고 조기에 치료하면 불치병이 아닌 이상 어느 정도 고칠 수 있다. 시간을 투자하면 몸매도 어느 정도 좋아질 수 있고 관심 분야 지식을 배울 수도 있다. 취미활동을 통해 삶의 질도 올릴 수 있다.

물론 창업이 큰돈을 벌고 당장 시간 여유를 만들어 주지 않지만 창업 안에는 이런 것을 가능하게 하는 요소가 들어 있다. 그중 하나가 지렛대Lever다.

크고 무거운 물건을 적은 힘으로도 들 수 있게 해주는 지렛대가 창업한 사람에게도 생긴다. 그것은 직원들이다. 반드시 내가 업무에 참여하지 않아도 내가 회사에 없어도 경제 활동이 돌아가게 해준다. 물론 책임은 온전히 짊어져야 하지만 업무 시스템으로 자동화할 수 있다. 회사가 일정 수준 이상 성장한 다음이면 능력 있는 전문 경영인을 고용해 주주나 오너십만으로 경영 일선에서 은퇴도 가능해진다. 내가 일을 하지 않는 시간에도 돈을 벌고 내가 원할 때 나의 모든 시간을 쓸 수 있게 되는 것이다.

유명한 스테디셀러인 『부자 아빠 가난한 아빠』에서 로버트 기요사키는 ESBI 사분면을 소개한다. 사람이 재무적으로 성장하기 위해서는 E Employed, 피고용인, S Self Employed, 자영업, B Big Business, 사업가 I Investor, 투자자 순으로 발전해 나가야 한다는 이론이다. ESBI의 흐름에 따라 피고용인에서 자영업자로, 사업가로, 궁극적으로는 전업투자자로 가는 것이 그가 늘 강조하는 '돈이 일하게 하라'라는 개념의 핵심이다. 눈여겨 볼 점은 전업투자자가 최종적인 목표라도 겸업 투자자는 언제든 될 수 있다는 점이다.

투자의 핵심은 복리다. 복리는 기간이 길수록 유리하다. 같은 수익률이라도 더 빨리 투자했을 때 큰 이득을 보는 게 복리다. 오죽하면 복리의 마법이라고 했을까. 투자는 돈만큼 시간이 중요하다. 그렇다면 답은 하나다. 하루 빨리 자산을 만들어 돈이 나를 위해 일하게 하는 것이다. 회사 생활은 이런 개념 안에서 큰 도움을 주지 못한다. 높은 직급이 될수록 급여는 많아지겠지만 나이 들어 많아진 월급으로는 복리의 마법을 누릴 시간이 없다. 사업을 하면 조금이라도 빨리 돈이 스스로 일하게 만들 수 있는 경우의 수를 갖는다.

시간도 마찬가지다. 재택근무나 자율근무 같은 방식이 증가추세지만 아직도 대다수의 직장인은 아침에 출근하고 저녁에 퇴근한다. 밤늦게 퇴근하는 것도 다반사다. 자동차 엔진오일을 갈거나 은행 업무를 봐야 할 때조차 상사에게 양해를 구하거나 반차나 월차를 내야 한다. 회사와 계약된 시간을 내 개인적으로 쓸 수 없기 때문이다. 물론 창업 했어도 일정 수준 전까지는 직장인 보다 많은 일을 해야 하고 내 개인 시간 자체가 없어진다. 하지만 짬을 내 꼭 해야 할 일을 하는 결정권 자체를 누군가에게 허락받는 일 따위는 사라진다. 낮에 꼭 필요한 무엇을 하고 밤에 일을 할 수도 있게 된다.

창업이 생존률이 낮고 생존해도 힘든 과정을 거치기 때문에 누구에게나 추천할 수 없다. 인생을 꼭 이렇게까지 빡세게 살 필요는 없다. 회사에서 충분히 만족할 만한 위치와 보수를 얻을 수 있다면 적게 벌어도 일이 좋다면 창업할 필요가 없다. 국가를 위해 일하는 공무원과 군인들은 안정적인 임금과 복지 혜택을 받는다. 탄탄한 연금 체계로 퇴직 후에도 국가가 그들의 삶을 책임진다. 굳이 공공선이 아니라도 절대 망할 것 같지 않은 회사에서 정년까지 일 할 수 있고 노후까지 넉넉하게 준비할 수 있다면 창업할 필요가 없다. 회사 안에서 전문성을 갖고 있고 임원이 되는 일이 가능하다면 창업할 필요가 없다. 하지만 이런 일이 분명하지 않다면 지금부터 움직여야 한다.

10

이유야 뭐든 상관없다

입사 동기나 친구 중에 창업한 사람이 있을 것이다. 그들 중 많은 사람은 현재 생활이 어렵거나 망해서 또 다른 아이템을 찾고 있을 수 있다. 그러다 재입사를 결심하고 지원서를 내기도 한다. 보통은 이런 경우 원래 있던 회사보다 못한 회사에 입사하는 일이 많다. 분명 창업에는 이런 리스크가 있다. 그런데도 왜 창업을 할까? 왜 이런 위험을 감수하면서까지 창업할까?

여행을 예로 들어 보자. 여행은 크게 두 가지 방법이 있다. 자유여행과 패키지여행이다. 패키지여행은 편하다. 현지에 도착하면 가이드가 나와서 맞는다. 단체버스를 타면 여행은 일사천리다. 가이드가 데려다주는 곳에서 쇼핑하고 내려주는 곳에서 관광하고 먹고 자면 된다. 외국어를 몰라도 걱정할 필요가 없다. 반면 비행기표와 숙소만 예약해서 떠나는 자유여행은 모두 내 선택으로 이뤄진다. 인터넷을 뒤져 숙소를 예약하고 더 싸고 좋은 곳을 찾는 과정도 여행으로 느껴질 만큼 재밌다. 마음에 쏙 드는 곳을 발견하면 하루 더 머물 수도 있다. 여행지의 현지 사람이나 또 다른 여행자와 친구가 되기도 하고 내 선택에 따라 여행의 결과가 많이 달라진다. 그러니 취업이 패키지여행이라면 창업은 자유여행이다. 창업은 무엇을 선택하든 괜찮다. 여기에 개인 취향이 많이 반영된다.

내 경우 자유여행 같은 창업을 선택한 이유는 성취감이었다. 창업하면 결과가 돌아온다. 잘 못하면 아무것도 돌아오지 않거나 운이 따라주지 않으면 마이너스가 되기도 하지만 잘되면 결과에 한계가 없다. 잘할 수만 있다면 희열과 성취감을 맛볼 수 있다. 이런 감정은 중독성이 강해서 창업으로 성공한 다음 매각을 통해 충분한 돈을 번 사람도 또 다시 창업하게 만들곤 한다.

또 인생을 하나하나 직접 설계해 가는 재미였다. 유튜브 구독자 1천만 명 넘는 Primitive Technology라는 채널이 있다. 어느 호주 청년이 야생에서 아무런 현대적 도구나 기술 없이 원시적인 생활을 보여주는 채널이다. 첫 영상이 올라온 2015년에는 구석기에서 시작한다. 단단한 짱돌을 하나 집어서 다른 돌로 치더니 도구를 만들어 땅도 파고 집도 짓는다. 최근에는 신석기를 지나 청동기 초입까지 온 듯하다. 보고 있으면 은근히 힐링 되고 나날이 발전하는 모습이 꽤 재밌다. 재밌는 점은 이런 과정이 창업과 매우 유사하다는 것이다. 처음에는 사무실도 없이 함께 창업한 누군가의 집 바닥에 쪼그리고 앉아 시작하고 그러다 몇 평 되지 않는 사무실을 얻으면 그렇게 좋다. 시간이 더 지나 제대로 된 사무실을 구하고 업무용 집기나 법인용 차량을 구매하며 사업을 점차 키워간다. 이런 소소한 발전이 정말 재밌다.

내가 해보지 않은 것을 남에게 하라고 할 수는 없다. 특히 내 자식에게 말이다. 나는 언젠가 대학까지 학업을 마친 내 자식에게 "자, 이제 공부도 끝났으니 남의 회사에 들어가서 30년 동안 뼈 빠지게 일하면 된단다"라고 말하고 싶지 않다. 회사원이 싫다고 내 자식을 기술공으로 만들기도 싫다. 대신에 "뭐든 좋으니 네가 해보고 싶은 것을 해봐. 뭐든 해보면 그 안에서 새로운 것이 나오고 또 다른 새로운 가능성을 만들어 줄 거야"라고 말해 주고 싶다. 그러니 내가 먼저 이 길을 걷고 직접 겪으며 배운 것을 물려줘야 한다.

나는 한번 사는 인생에 진정한 YOLO이고 싶었다. 다수의 자기계발서를 쓴 로버트 그린의 이 말에 동의하면서 말이다. "인생의 최악은 당신의 잠재력을 낭비했다는 것이다. 꿈이 있었지만 시도하지 않았다는 것. 그러다 50대가 되고 60대가 되고 죽음을 맞이하면 이렇게 생각할 것이다. 내가 왜 이렇게 살았지? 나는 이것도 저것도 모두 해볼 수 있었는데 시도조차 하지 않았네라고 말이다."

이제 창업해야 할 자신만의 이유를 생각해 보자.

CHAPTER 2

어떤 방법들이 있는가

11

내가 세운 가설이
실제인지 확인하는 일일 뿐이다

'사업 따위를 처음으로 이루어 시작함'

창업의 사전적 의미다. 그렇다. 창업은 어떤 사업이든 시작하는 것이다. 이게 전부다. 간혹 창업을 새로움, 아이디어, 스타트업, 벤처, 혁신에 묶어 생각하는 이들이 있다. 이런 단어들은 창업에 극히 일부일 뿐 창업 전체를 포괄하지 않는다. 이런 오해는 스타트업이라는 단어가 유입되면서 시작됐다. 1990년대 말 인터넷과 PC가 보급되고 닷컴.com 열풍이 불면서 벤처기업이라는 단어에 익숙해졌다. 벤처기업은 말 그대로 모험 기업, 즉 기존에 없던 새로운 아이디어로 시작된 사업을 의미한다. 당시 인터넷 포털 사이트나 온라인 게임회사 등을 벤처기업이라고 했고 창업 자체가 벤처기업의 동의어로 해석되는 일은 없었다.

약 10년 뒤인 2000년대 말, 스마트폰 보급과 함께 모바일 비즈니스가 시작됐다. 국내에서는 배달의 민족, 카카오톡 처럼 스마트폰 중심의 새로운 서비스가 나왔다. 해외에서는 인스타그램과 트위터 같은 서비스가 크게 성장 했다. 이때 우리나라에 유입된 단어가 바로 스타트업이다. 벤처기업이라는 단어가 창업의 일부로 자리잡은 반면, 스타트업이라는 단어는 마치 창업이라는 단어를 대체하듯 자리 잡았다. 그로부터 10년이 지난 지금까지 많은 오해로 이어지고 있다. 벤처기업이나 스타트업과 관련된 용어와 문화는 대부분 미국 실리콘밸리에서 만들어져 유입됐지만 이 단어들은 오염됐다.

네이버에서 스타트업을 검색하면 신생 창업기업을 뜻하는 말로 미국 실리콘밸리에서 처음 사용되었다고 나온다. 보통 혁신적인 기술과 아이디어를 보유하고 있지만 자금력이 부족한 경우가 많고 기술과 인터넷 기반의 회사로 고위험·고수익·고성장 가능성을 가지고 있다고 나온다. 구글에서 스타트업을 검색하면 운영의 첫 단계에 있는 회사를 뜻한다고 나온다. 스타트업은 수요가 있다고 믿는 상품이나 서비스를 개발하고 싶어하는 한 명 또는 그 이상의 창업가들로 설립된다고 나온다. 단어가 만들어진 미국에는 없는 혁신, 기술, 아이디어, 인터넷, 고위험, 고수익, 고성장 등의 개념이 한국에서 추가된 것이다.

이렇게 스타트업이라는 단어가 창업이라는 단어를 대체하듯 나타나는 바람에 창업에 심리적 벽이 생겨버렸다. 다시 말해 스타트업은 그저 '이제 막 시작한 신생기업'일 뿐이다. 이 신생기업이 혁신과 새로운 아이디어, 기술로 인터넷을 활용해 고위험 고수익 고성장을 노릴 수 있지만 이런 경우는 극히 드문 경우일 뿐이다. 대부분의 스타트업은 이런 벤처기업 상황과 다르다.

정리하면 창업은 사업을 시작하는 일이고 스타트업은 통상 창업한 지 7년 미만의 기업이다. 벤처기업은 다른 이들이 시도하지 않은 아이템을 시도하는 스타트업이다. 이외의 해석은 가뜩이나 오염된 단어를 더 오염시킬 뿐이다.

따라서 카페를 오픈하든 치킨을 튀겨서 팔기 시작하든 모든 새로운 비즈니스는 창업이다. 그리고 이제 막 시작했다면 스타트업이다. 그러니 창업을 생각할 때 다음 같은 생각은 기우일 뿐이다.

'나는 앱이나 프로그램 개발을 해본 적 없는데 창업할 수 있나?'

'나는 딱히 기술을 갖고 있지 않은데 창업할 수 있나?'

'나는 뭔가 번뜩이는 아이디어가 없는데 창업할 수 있나?'

실제 주변을 봐도 기술이나 특별한 아이디어 없이 창업한 경우가 더 많다. 심지어는 기술과 아이디어를 기반으로 창업한 이들보다 더 빠르고 안정적으로 일정 궤도에 안착했다.

창업을 겁먹지 말라. 혁신이나 기술 없어도 충분히 멋진 창업을 할 수 있다. 어찌 보면 혁신과 기술 기반인 벤처기업 창업이 훨씬 더 힘든 경우가 많다.

창업은 가설을 검증하는 것이다. 즉 내가 생각하고 있는 어떤 제품이나 서비스가 팔릴 거라는 가설을 검증하는 것, 그것이 창업이다.

12

라면 끓이기

아주 먼 옛날 동굴에서 비와 바람을 피하던 인류가 돌을 깨트려 도구를 만들어 냈다. 나무로 움막을 짓고 살더니 나무와 돌로 창을 만들어 사냥도 했다. 불을 피워 고기를 구워 먹고 가죽으로 옷을 만들었다. 실제로 창업하면 비슷한 과정을 거친다. 인류는 애초에 취업보다는 창업에 더 가까운 삶을 살아온 셈이다. 근현대사와 산업혁명이 시작되며 대규모 생산시설을 소유한 자본가, 이 생산시설에 노동을 제공하고 대가를 받는 노동자가 생겨났다.

그렇다면 이런 생산시설에 취업할 일 없던 시절의 사람들은 어떻게 생계를 유지했을까? 조선시대 어느 마을을 떠올려 보자. 김

씨는 밭농사를 지어 수확한 것들을 장터에 내다 판다. 이씨는 산에서 나무를 베서 장터에 나가 땔감으로 판다. 박씨는 배를 타고 바다로 나가 물고기를 잡아서 팔고 최씨는 산에서 약초를 캐고 작은 동물을 사냥해서 판다. 어느 날 장터에 다양한 물건을 받아서 대신 팔아주는 정씨가 나타났고 유통이 활발해졌다. 겨울이 되어 땔감 수요가 늘어나자 이씨가 산에서 베어 오는 나무로는 공급이 부족하게 되었다. 그러자 강씨가 이씨의 경쟁자로 나타나 산에서 해온 땔감을 팔기 시작한다. 지기 싫었던 이씨가 서씨에게 임금을 주고 고용해서 공급을 늘린다. 이게 창업이고 사업이 아니면 뭔가? 아주 오래전부터 사람들은 창업가로 살아왔다. 그 창업이 발전하고 발달해서 지금 같은 형태로 분화됐을 뿐이다.

모든 일에는 처음이 있다. 라면을 처음 끓이던 때, 밥을 처음 해본 순간, 혼자서 처음 떠났던 여행. 하지만 처음은 그뿐, 이제는 라면도 능숙하게 잘 끓이고 밥도 잘 짓고 혼자서 어디든 잘 다닌다. 첫 시도 이후 반복적으로 해봤기 때문이다.

창업도 마찬가지다. 계속해서 하면 당연히 발전한다. 취업과 다를 게 없다. 취업준비생 시절, 첫 면접을 떠올려 보라. 완벽하게 잘 했는가? 아닐 것이다. 마지막 면접을 떠올려 보라. 아마도 처음과 다를 것이다. 창업도 지속하다 보면 언젠가 인생을 바꿀 정도로 큰 성과를 내기도 한다. 일단 시도하라. 시도하지 않으면 성공도 없다.

캐나다의 저명한 임상심리사 조던 피터슨은 "당신은 새로운 것을 배워야 하는데 그것을 피하고 있다. 왜냐하면 당신은 처음으로 해보는 것을 잘하지 못할 것을 알기 때문이다. 게다가 당신이 완벽주의자라면 이렇게 말할 것이다. 나는 나 자신이 무언가를 잘 하지 못하는 것과 스스로 바보가 되는 걸 용납할 수 없다. 놀랍지도 않다. 그런데 문제는 당신이 새로운 것을 시도하면 바보가 될 수밖에 없다는 것이다. 그렇기에 바보가 되기 싫다면 새로운 것을 배울 수 없다. 새로운 것을 시도하면 바보가 될 것이고, 시도조차 하지 않으면 더 심한 바보가 될 것이다."라고 말했다.

맞는 말이다. 취업은 될 때까지 도전하는 것을 당연하게 생각하면서, 창업을 반복하면 실패자라고 생각하는 사람이 있다. 절대 아니다. 창업도 몇 번이고 시도하는 게 지극히 정상이다. 그러니 부디 창업에 대한 부정적인 환상을 깨고 무덤덤하게 '이제는 혼자 라면을 끓여 먹으면 되는군' 정도로 생각하기를 바란다.

우리 몸에는 창업가의 피가 흐르고 있다. 거의 100%의 확률로 내 조상 중 누군가는 창업가였다. 우리는 모두 창업가의 후예다.

13
잘하자

'중학생 때 더 열심히 공부해서 특목고에 진학했으면 어땠을까?'
'고등학교 때 더 열심히 공부해서 서울대에 진학했으면 어땠을까?'
물론 고등학생이 되고 나서, 대학생이 되고 나서 하는 후회다. 이런
후회는 끝없다. '더 열심히 준비해서 연봉 높은 대기업에 갔으면 얼
마나 좋았을까?' '대학 때 전문직 자격증을 준비해서 전문직 종사자
가 됐으면 어땠을까?' '이 부서가 아닌 다른 부서에 지원했으면 좋았
을 텐데.' 대다수는 이런 후회의 생각을 한다. 현재의 관점에서 과거
를 바라보며 이루지 못한 걸 후회하면서.

분명한 건 아무리 노력해도 과거로 돌아갈 수는 없다는 거다. 돌

이킬 수 없는 과거는 쿨하게 잊자. 대신 할 수 있는 걸 하자. 미래의 어느 시점에 현재에 대해 후회하지 않도록. 미래의 나를 만드는 것도 현재의 나 자신이다.

후회 없는 삶, 매력적이지 않은가? 후회는 어떻게 방지할 수 있을까? 대답은 간단하고 뻔하다. 후회 없이 잘 사는 방법은 김 빠질 정도로 쉽다. '열심히, 바르게' 살면 된다. 수백 편의 자기계발서를 봐도 "우와! 이건 진짜 몰랐는데!"하고 감탄사 나오는 비법은 없다.

"모두가 무엇을 해야 하는지는 안다. 그렇다면 그들은 아는 것을 하는가? 상식은 일반적인 실천으로 이어지지 않는다. 지식이 힘이라는 환상이 있는데 지식은 힘이 될 수 있는 잠재력일 뿐이다. 지식을 쓰고 응용해야 힘이 될 수 있다." 미국의 브레인 코치이자 동기부여가 짐 퀵이 어느 인터뷰에서 한 말이다. 우리는 무언가 이루는 방법을 대부분 알고 있다. 문제는 퀵의 말처럼 '아는 것을 하지 않는다'는 것이다. 방법은 잘 알고 있지만 실천이 너무 어렵다. 하지만 후회를 방지하는 방법은 널리 알려져 있다. 미래를 위해, 해야 할 일을 실천하는 것이다.

눈을 크게 뜨고 맑은 정신으로 생각하자. '지금 내가 하려는 일이, 내가 원하는 것을 얻는 방법인가'를 말이다. 방법이 맞다면 힘들고 귀찮아도 쉬고 싶어도 움직여야 한다.

창업을 준비한다면 지금 다니는 회사를 퇴직하고 전업 사업가가 되기까지 무엇을 준비하고 시간을 얼마나 소중히 다뤘는지에 따라 많은 것이 달라질 것이다. 결국 모든 것은 선택이고 그 선택은 본인 스스로 하는 것이다. 지금 나에게 진짜 필요한 것이 무엇인지, 더 중요하고 도움이 되는 것이 무엇인지 분별해야 한다. 이렇게 스스로 발전시켜 나갈 때라야 미래의 내가 현재의 나를 후회하지 않는다. 미래에서 과거를 보듯 현재에 임하면 된다. 바르게 생각하고 옳은 선택을 하지 않으면 눈을 부릅뜨고 몽둥이를 들고 서 있는, 후회하는 나를 미래의 어느 시점에 마주할 뿐이다. 그러니 미래의 나를 위해 오늘의 나에게 부탁하자.

"잘 하자!"

14

수신제단치사평여생 修身齊團治社平餘生

'수신제가치국평천하修身齊家治國平天下' 몸과 마음을 닦아 수양하고 집안을 가지런하게 하며 나라를 다스리고 천하를 평정하는 것. 사서삼경四書三經 중 증자가 쓴 대학에 있는 글이다. 이 글을 창업하려는 개인에게 대입하면 수신제단치사평여생修身齊團治社平餘生으로 바꿀 수 있다.

'몸과 마음을 닦아 수양하고 팀을 가지런히 하며 회사를 이끌어 남은 삶을 평정한다.'는 글에는 창업하는 사람들의 모습이 그대로 담겨 있다. 스스로를 발전시켜 좋은 사람들을 모아 팀을 만들고 그 팀을 통해 사업이 가능한 회사를 만들어 성장한 다음, 경제와 시간으로부터 자유로운 삶을 만들어내는 것.

가장 중요한 건 수신修身이다. 몸과 마음, 심신을 닦아 수양하는 것은 자기 계발의 기본이다. 심신을 닦아 강철 같은 멘탈을 만드는 것뿐만 아니라 마음을 담는 그릇인 몸까지 관리해야 한다. 건강한 마음을 위해서는 건강한 몸이 필요하다. 몸이 건강을 잃으면 그 안에 담긴 마음과 정신력도 무너질 수밖에 없다. 몸을 건강하게 만드는 세 가지 요소는 영양, 휴식, 운동이다. 잘 먹고 잘 쉬고 운동하는 일. 모두가 알지만 제대로 하기 어렵다.

잘 먹는 것은 시간 맞춰 식사하는 것과 다르다. 영양의 부족, 영양 과다, 영양 불균형 모두에 신경 쓰는 일이다. 알맞은 시간에 권장 열량의 식사를, 영양소가 고루 포함된 식단으로 먹는 것이 중요하다. 충분한 단백질과 각종 비타민이 풍부한 채소를 골고루 먹되 한 번에 많이 먹는 것보다는 적게 나눠 자주 먹는 것이 좋다.

사람들이 오해하기 쉬운 것이 휴식이다. 여기서 휴식이란 유희가 아니라 수면이다. 맥주 한 캔 마시면서 넷플릭스를 보거나 친구와 산책하면서 편하게 대화하는 게 아니라 성인에게 권장되는 7~8시간 잠을 자는 일이다. 우리나라 사람들은 잠을 줄이는 것을 노력의 일종으로 보는 것 같지만 내 생각은 다르다. 사업은 고도의 집중력이 필요한 행위다. 창업은 일종의 종합예술이다. 다양한 일이 하나로 모여 사업체가 되고 수많은 경우의 수를 계산 해야 유지된다. 또 집중력이 필요할 때가 많다. 따라서 충분한 수면으로부터 얻은 집중력이 절대적으로 필요하다.

밥을 먹고 잠을 잘 잤으면 운동도 필요하다. 스포츠가 아니라 운동이다. 골프나 축구 같은 팀 스포츠보다는 달리기, 요가, 필라테스, 크로스핏 같은 운동을 권장한다. 특히 혼자 '도' 닦듯이 생각하며 할 수 있는 웨이트트레이닝을 추천한다. 근육운동을 하면 뇌하수체에 엔돌핀이 분비되고 불안감이 해소되며 정신 건강에 도움이 된다. 웨이트 트레이닝 같은 근력운동을 하면서 겪는 실패와 성공의 반복은 창업하면서 실패에 직면했을 때 '언젠가는 정복할 수 있다'는 심리적 자신감을 심어준다.

창업하는 과정은 결승선이 어디일지 알 수 없는 마라톤과 같다. 심지어 결승선이 사람마다 다르다. 같은 속도로 달려도 나보다 늦게 출발한 사람이 먼저 도착하기도 한다. 짧게는 수년에서 길게는 수십 년 걸리는 창업이라는 경기의 성공적인 운영은 건강한 정신을 뒷받침해 줄 수 있는 체력이 필수다. 이런 요소는 영양과 휴식, 운동으로 채울 수 있다.

'에이, 그걸 누가 모르나?' 하고 넘기는 사람도 있을 것이고 '그래, 오늘부터라도 한번 해봐야겠다'라고 생각하고 실천하는 사람도 있

을 것이다. 지금까지도 그래왔고 앞으로도 그렇지만 선택은 온전히

당신의 몫이다.

15
저절로 하게 되는 공부의 맛

    당신은 언제 처음으로 술을 마셨는가? 그때의 술맛이 지금처럼 좋았는가? 아마도 아닐 것이다. 자주 마시다 보니 맥주는 시원하고 소주는 달달하고 쓰기만 하던 커피가 이제는 날마다 마셔야 하는 힐링음료가 된 것이다. 공부도 마찬가지다. 그렇게 하기 싫던 공부도 하다 보면 그만의 맛이라는 게 있다. 뭔가 목표가 있고 갈망하는 마음이 짙을수록 따르는 고통은 별것 아니게 된다.

    똥으로 뒤덮인 돼지우리 안에 금괴가 떨어져 있다. 내가 줍지 않으면 분명 다른 누군가가 가져갈 것이다. 깔끔한 당신이라도 똥 묻는 것 정도는 감수하고 금괴를 집을 것이다. 마찬가지다. 하기 싫었던 공부도 간절한 목표의 수단이 되면 그만의 맛이 또 생긴다. 한때 블록체인이 그랬다.

2017년 말에서 2018년 초, 비트코인 가격이 한화 기준으로 1천만 원을 넘어가던 때 미디어를 중심으로 엄청난 관심이 쏠리더니 주변인들도 슬슬 관심을 갖기 시작하고 누군가 큰돈을 벌었다는 소문이 돌았다. 서둘러 많은 사람이 블록체인, 암호화폐에 대해 알아보기 시작했다. 들어 본 적 없는 Nonce 같은 단어를 찾아보고 번역기까지 써가며 구글도 검색했다. '이건 기회가 될 수도 있어'라는 생각이 들었으니 자연스럽게 공부가 따라온 것이다. 이런 경험이 당신에게도 있다면 그때 이익이나 기회를 얻기 위해 알아보는 과정을 공부라고 느끼거나 했는가? 그저 하는 행위 같아도 이 모든 일이 공부다.

창업도 마찬가지다. 확실한 아이템을 정하기 전까지 수많은 아이템을 생각하고 알아본다. 관련 분야 사람과 미팅이나 식사라도 한 날이면 들었던 얘기 주제나 특정 단어, 전문용어를 찾아보게 된다. 사전적인 의미에 만족하지 못하고 관련 글이나 영상을 찾아서 열심히 본다. 빨리 제대로 알고 싶은 욕구만 생길 뿐 이런 과정이 공부라고 인지조차 하지 못한다.

창업은 취업할 때와는 비교할 수 없을 만큼 많은 공부가 필요하다. 마케팅 부서에서 일하려면 마케팅이나 소비자행동론, 기초통계학을 공부하면 된다. 인사조직에서 일하려면 인적자원관리론이나 조직행동론을 공부하면 된다. 재경부서에서 일하려면 회계학, 재무관리론, 세무회계를 공부하면 된다. 창업하려면 지금 말한 것들에 더해 경영 공부, 관심 아이템 공부까지 해야 한다. 하지만 겁먹을 필요는 없다. 창업을 하게 되면 책상에 가만히 앉아 공부하고 있을 여유와 시간이 없을 확률이 높다. 그래도 괜찮다. 막상 필드로 나가 뛰다 보면 필요한 것들은 배우게 된다. 부족한 부분이 있다면 없는 짬을 내서라도 배우게 될 것이니 말이다.

창업에서도 기초 공부는 경영학원론과 회계원리다. 일종의 창업면허 필기시험 정도로 생각하면 좋다. 경영학원론에는 회사 운영에 필요한 모든 게 맛보기식으로 골고루 담겨 있다. 각 세부 분야 정보를 깊이 있게 다루지는 않지만 경영의 전반적인 지식과 관련 용어를 배우기 좋다. 회계원리도 마찬가지다. 회사 운영 언어라고 할 수 있는 기초회계를 배운다. 회사 업무를 어떤 계정과목으로 나누고 이익을 계산할 때 어느 순으로 계산하는지, 절세를 하려면 어떤 항목을 통해 지출해야 하는지 같은 기본을 배울 수 있다.

이 두 가지 학문이 경영의 기본이다. 창업하려고 마음을 먹었다면 본격적으로 출발하기 전에 한 번쯤 차분하게 앉아 공부해 보자.

창업과 회사 운영에 꼭 필요한 것이니 조금 어렵게 느껴져도 맛이 있다. 내가 원하는 것을 위해 하는 공부의 맛.

16

테라포밍 Terraforming

화분에 씨앗을 심고 물도 주며 기다렸지만 싹이 올라오지 않는다. 흙을 파 보니 씨앗이 썩어 있다. 뭐가 문제였을까? 씨앗 자체가 이미 썩어 있었을 수도 있다. 애초에 싹 틀 수 없는 씨앗이었을 수도 있다. 하지만 정상적인 씨앗이었다면 뭐가 문제가 됐던걸까? 상식선에서 의심해 볼 수 있는 것은,

- 씨앗에 맞는 흙이 아니다.
- 물을 너무 많이 줬다.
- 씨앗을 틔우는데 필요한 빛이 부족했다.

• 화분 있는 곳의 온도가 너무 높거나 추웠다.

이런 요소가 환경이다. 씨앗이 싹트려면 씨앗도 좋아야 하지만 싹 틀 수 있는 환경도 갖춰져야 한다. 창업에서 씨앗은 나 자신이다. 씨앗인 내가 아무리 잘났어도 주변 환경이 창업에 최적화돼 있지 않으면 쉽지 않다. 여기서 환경은 물리적인 것들 보다 나를 둘러싸고 있는 사람들, 인적 환경을 말한다. 인적 환경은 돈 주고 살 수 있는 것이 아니다. 따라서 직접 최적화를 만들어야 한다.

가족과 친구 혹은 연인에게 '창업을 준비하고 있다.'라고 말해보자. 평소 나를 바라보는 관점에 따라 반응이 다를 것이다. "그래, 잘해봐. 믿는다!"라는 격려를 들을 수도 있지만 "아니, 잘 다니고 있는 회사를 왜 그만두려고 해?" 혹은 "뭐, 니가 창업을?" 같은 말을 들을 수도 있다. 이때 창업에 확고한 의지가 없다면 부정적인 반응에 주눅 들기 쉽다. '하긴, 내 주제에 무슨 창업?!' 하고 의지가 꺾여버릴 수도 있다.

지금부터 주변인들에게 달라진 모습을 보여줘야 한다. 그들을 창업의 지지자 혹은 후원자로 만드는 게 바로 환경의 최적화다. 창업에 선행되는 일종의 테라포밍이다. 테라포밍은 지구가 아닌 다른 행성을 지구와 비슷한 환경으로 바꿔 인간이 살 수 있게 한다는 뜻이다. 자신 주변을 테라포밍 해서 창업가로 살 수 있는 환경을 만들어야 한다.

규칙적이고 건강하게 살며 달라졌다는 평가를 받아 내고 가능하면 공부하는 티를 조금 내면서 공부도 하자. 부모님은 뒤통수만 봐도 공부하는지 아닌지 안다.

긍정적인 변화를 지속하면 사람들의 관점이 달라지고 결국 하는 일을 응원해 줄 것이다. 이 응원은 창업한 뒤 지쳐 쓰러질 때 정말 큰 힘이 된다. 그러니 가족, 친구, 연인, 아내, 남편이나 그밖에 소중한 이들을 아군으로 만들라.

17
맹모삼천지교 대신
자가삼천지교

맹모삼천지교孟母三遷之敎를 모르는 사람은 없다. 애석하지만 이제 성인이 된 이상, 멱살이라도 잡아서 배울 수 있는 환경에 놓아줄 맹모는 더 이상 없다. 어떻게 해야 할까? 그 맹모 역할을 내가 하면 된다. 내 목적에 도움 되는 환경을 만들면 된다. 예를 들어 보자.

어느 날 친구 따라 스크린 골프장에 갔다. 처음 휘두른 것 치고 공이 잘 맞아 멋지게 날아갔다. 손맛이 끝내준다. 그때부터 골프를 알아보고 강습소를 찾아 등록하고 본격적으로 골프를 배운다. 점심시간에 골프 영상을 보고 있었더니 골프 치는 동기나 상사들이 관심을 보인다. 저녁에 한잔 마시며 골프 이야기를 하고 스크린 골프장에 같이 가기도 한다. 주말에 시간을 맞춰 필드도 같이 간다.

여기까지가 골프를 배우기 시작하는 사람들이 흔히 거치는 단계다. 골프라는 취미활동을 위해서 한 행위는 다음과 같다.

1. 다양한 매체를 활용해 정보를 탐색했다.
2. 본격적인 행동에 앞서 현실 가능성을 검토했다.
3. 나를 제대로 가르쳐 줄 수 있는 강사나 멘토를 찾았다.
4. 주변에 나와 같은 목적을 가진 이들과 함께 했다.
5. 연습을 토대로 배운 것들을 실전에 적용했다.

어떤가? 관심사에 도움되는 행동의 교본이다. 무엇보다 중요한 것은 이 모든 행동을 스스로 했다는 점이다. 그렇다고 스스로를 대단하다고 생각하지도 않는다. 너무나 당연한 루트였기 때문이다. 창업도 똑같다. 골프에 관심이 생겨서 한 행동 그대로 하면 된다.

시작은 정보탐색이다. 온라인이라는 가상의 공간이라서 인지하지 못했을 뿐, 검색한 순간 스스로에게 맹모 역할을 했다. 인터넷이라는 도구로 자신을 정보 습득 가능한 곳에 데려다 놓은 것이다. 이 단계에서는 뉴스 같은 매체는 물론 창업가들이 모인 온라인 공간에 들어가 보는 것도 도움 된다. 이것은 이미 여정이 시작됐다는 걸 의미한다.

　다음은 내 생각을 검증해보는 단계다. 정보 탐색을 마쳤다면 모은 정보를 대입 해봐야 한다. 어떤 아이템이 나에게 맞고 어떤 방식으로 성장 하는 게 좋을지 고민하는 것이다. 어느 정도의 자본이 필요한지, 그 자본을 어떻게 준비할 것인지, 이런 식으로 생각을 계속하면 어렴풋한 윤곽이 나오기 시작한다.

　정보를 탐색하다 보면 이런저런 고민과 질문이 생긴다. 그러면 질문에 답을 줄 수 있는 선생이나 멘토를 찾아야한다. 창업 관련 콘텐츠나 창업 경험자가 필요하다. 창업을 전문적으로 가르칠 수 있는 기관은 없다. 창업은 아이템이 무한하고 다수의 창업 경험을 보유한 사람은 정말 드물기 때문이다. 물론 인큐베이터나 액셀러레이터처럼 창업 전문 보육 기관들이 있지만 창업 자체에 필요한 시작점에 관한 전문성을 갖춘 곳은 매우 드물다. 하지만 이 부분은 정보 탐색으로 어느 정도 보완할 수 있다. 전 세계 유튜브 채널을 볼 수 있고 외국어를 몰라도 자동번역기가 어느 정도 유용하기 때문이다. 각국의 다양한 케이스를 보고 정보를 합쳐 나를 위한 선생으로 삼으면 된다.

　다음은 본격적인 환경의 설정이다. 다양한 네트워크를 통해 사람을 만나다 보면 자연스럽게 인간적인 교류를 할 수 있다. 현재 처한 상황이나 목적지가 비슷한 사람을 만날 수도 있다. 공감대가 형성되면 물 흐르듯 유대관계가 생기기 마련이다. 점차 함께하는 시간이 많아지면서 정보를 교류하다 보면 빠르게 성장하기 시작한다. 이 시점부터는 다른 일정으로 바빠서 정보탐색을 못해도 정보를 얻을 수 있게 된다. 해당 집단에 있는 것만으로 자동적인 성장 효과가 생기는 것이다.

마지막은 실전이다. 직접 해도 좋고 간접 경험도 좋다. 이 시점에서 가장 중요한 건 자극이다. 창업은 운이 크게 작용하는 일이다. 처음이지만 잘 풀리기도 하고 반대 경우도 많다. 이때 두려움이 생기기 쉽다. 내가 포함된 집단 누군가 창업을 시작하고 쭉쭉 뻗어 나가면 나도 빨리 출발해야 할 것 같은 생각이 든다. 이런 감정은 창업이라면 그리 부정적인 생각은 아니다. 빠르게 출발해서 실패할 확률이 높아져도 나쁘지 않다. 실패에서 배우는 것만큼 효과적인 교육은 없기 때문이다.

이렇듯 우리는 스스로에게 맹모 못지않은 교육환경을 만들어줄 수 있다. 이제 스스로를 위해 자가삼천지교自家三遷之敎를 해 보자.

18

달콤한 유혹

회사에 다니다 보면 종종 퇴사 뉴스를 접하게 된다. '어느 부서의 누가 비트코인으로 대박이 나서 퇴사한다더라', '동기 중에 누가 미국 명문 MBA에 합격해 유학 간다더라', '누가 퇴사하고 창업했는데 포르쉐를 타고 나타났다더라' 같은 소식이다. 부럽고 남들은 저만큼 앞서 나가는데 나만 제자리인 것 같아 불안하다. 이때 마음을 잘 잡아야 한다.

재직 중에 창업을 준비하거나 창업을 시작하면 '올해는 꼭 퇴사해서 제대로 창업하고 말겠어.'라고 다짐한다. 하지만 이런 생각을 찍어 눌러야 한다. 부러움이나 불안감 때문에 지나치게 서둘러 움직이지 않도록 단속해야 한다는 말이다. 창업하려는 마음을 여기저기 흘리고 다니는 사람들이 있다. 창업하기로 마음을 굳혀서 자신감과 기대감으로 자신도 모르게 말할 수 있지만 이런 성급함은 종종 뜻하지 않은 결과를 낳는다.

첫째는 긍정적 피드백의 부정적 효과다. 평소 행실이 좋아서 주변에서 신망 받던 사람들에게 해당되는 경우다.

"너 창업한다고 하지 않았어? 이제 거의 준비되었겠다. 언제 나가?"

"그래 너라면 회사에서 썩기 아깝지. 넌 어디서든 다 잘할 수 있을 거야."

"우리 동기 누구도 나가서 창업했다가 대박 났다더라. 넌 더 잘할 거 아냐. 잘되면 한턱 쏴라."

얼핏 들으면 전혀 문제없을 것 같지만 긍정의 피드백은 때로 독이 된다. 응원이 담긴 긍정 피드백을 계속 받으면 아직 때가 아닌데도 준비가 다 됐다는 착각이 생긴다. 어설픈 준비로 출발하게 되는 것이다. 그러다 일이 잘 풀리지 않으면 '분명히 주변 피드백이 좋았는데 왜 이렇지?'라며 원인조차 찾지 못한다.

둘째는 타인의 공포 투영이다. 도전에 대한 상대의 개인적인 공포심을 나에게 전파하는 것이다. 한편으로는 진심으로 걱정하는 사람일 수 있다. 다른 경우는 시기하는 사람들이다. 진심인 사람은 실패할 경우가 걱정돼서 "지금도 좋은데 만족해도 좋지 않겠어?"라는 식으로 말한다. 하지만 시기하는 사람들은 그 속에 질투가 들어 있다. '혹시라도 이 사람이 창업에 성공하면 배 아파서 그 꼴을 어떻게 보지?' 같은 심보다. 그리고 이렇게 말한다. "지난번에 창업한 내 친구, 결국 다 말아먹고 빚만 잔뜩 지고 다시 취업한다더라. 정말 괜찮겠어?"

사실 어떤 경우든 도움 되지 않는다. 창업은 어려운 결정이다. 특히 사회적으로 인정받는 회사나 직급에 있으면 더하다. 정말 어렵게 이룬 성과를 뒤로하고 더 위험한 모험을 시작하는 일이 창업이다. 성공 보장도 없다. 100% 장담도 못한다. 이럴 때 주변의 공포심은 도움은커녕 자신을 위축시킬 뿐이다.

결론적으로 창업을 앞두고 퇴사에 대한 마음이 커져도 가급적 창업 본색을 감춰라. 당장 멋지게 사표를 던지고 싶겠지만 다스리고 무겁게 생각하며 꼼꼼히 준비 하자. 준비가 너무 부족한 상태에서 퇴사부터 저지르면 패망행 특급열차에 오르는 것이다. 보디 샌더스라는 저자는 이런 말을 했다.

"침묵으로 혼란스럽게 하고 결과로 놀라게 하라"

멋진 말이다. 직장이 있는 상태에서 창업을 준비할 때 명심해야 할 말이기도 하다. 체스나 바둑을 둘 때 내 수를 입 밖으로 말하는 사람은 없다. 과정은 결과로 빛나기 마련이다.

19

회사는 최고의 교육기관이다

취준생이었을 때 목표는 지금 회사였다. 아이러니 한 점은 창업해도 목표는 지금 다니고 있는 회사라는 거다. 웃기지만 실제로 그렇다. 창업한 회사가 내가 다니던 회사의 반의 반만 되도 성공이다. 그러니 지금 회사에서 열심히 보고 배울 게 천지다. 내가 목표로 둔 앞으로의 내 회사가 따라갈 곳에 머물고 있는 셈과 다름없다. 이런 마음을 갖는 순간부터 회사는 매달 돈을 주는 교육기관이 된다. 세상에! 교육도 받고 돈도 받다니! 이런 횡재가 또 어디 있는가!

탄탄하게 성장해온 회사는 유기적인 시스템으로 돌아간다. 제조업이라면 상품본부에서 상품 라인업을 만들고 연구소에서 개발한다. 생산본부에서 상품을 생산하면 영업망을 통해 고객에게 판매한다. 이 과정을 지원하는 경영지원본부, 재경본부, 홍보실, 정책지원실이 있고 직원들이 불편함 없이 일할 수 있도록 관리하는 부서와 복지를 책임지는 부서까지 있다.

창업해도 마찬가지다. 이런 일들은 모두 필요하다. 농담이 아니다. 큰 회사처럼 할 수 없어도 절반 정도는 실제로 해야 한다. 그 때를 대비해 배울 수 있을 때 배워 두자. 회사를 움직이는 조직들이 톱니바퀴처럼 맞물려 돌아가는 과정을 상세히 들여다 봐 두자.

모르는 부분은 해당 조직 동기에게 물어보고 막히면 사내 메신저를 통해 물어보면 된다. 꼭 필요하지만 내가 잘 모르는 부분을 잘 아는 사내 지인은 실제 큰 도움이 되기도 한다. 특히 사내 전문직들은 정말 큰 도움이 된다. 변호사, 변리사, 세무사, 회계사 등 전문직과 친해지면 좋다. 퇴사한 다음에 사회에서 이들을 만나려면 모두 '돈'이다.

배울 게 있다면 조직 이동도 방법이다. 이 부서 저 부서를 다니며 경영수업을 하는 재벌 2세나 3세처럼 주요 부서에 들어가 직접 일하면서 배우는 방법을 써 보라. 총무팀이 포함된 경영지원본부 같은 곳도 좋다. 회사 내부의 다양한 조직이 제 기능을 발휘하게 하는 곳이라서 창업 준비생에게 더없이 좋은 학습장소다.

실제 창업을 하면 일이 많아지는 것도 어려움이지만 해야 할 일을 케서하지 못하거나 처리 순서를 모르는 일이 더 큰 문제다. 이렇게 되면 회사가 제대로 돌아가지 못할 확률이 높다. 바로 그 경험과 일 파악을 지금 일하는 회사에서 배워야 한다. 지금 다니고 있는 회사에서 더 배울 게 없거나 배우기 어려우면 더 많은 걸 배울 수 있는 회사로 이직하는 것도 좋다. 새 회사에서 새로 시작하는게 시간 낭비거나 손해라고 생각될 수 있지만 창업에 조바심 낼 필요 없다. 지금 흐르는 시간은 창업을 준비하는 사람편이다.

이직할 때는선택의 여지가 있는 경우 **다음을 살펴보자.**

- 창업기업의 육성을 돕는 기관: 창업진흥원, 창조경제혁신센터, 대학의 창업지원단
- 창업기업 전문 육성 회사: 벤처캐피털, 액셀러레이터
- 성장 중인 스타트업: 이제 막 시작하는 곳보다는 어느 정도 체계가 잡힌 곳
- 아이템이 유사한 기업: 관심 있는 아이템이나 유사한 것을 다루는 회사

이런 곳에서 일을 배우며 다양한 경험을 쌓다 보면 창업에 관한 막연한 생각과 공간들이 서서히 채워지는 걸 느낄 수 있다. 이런 배

움은 창업 실전에서 정말 귀한 자원이 된다.

하루하루 배움의 즐거움과 감사한 마음으로 출근하자. '그때 조금 더 배울 걸!'이라는 아쉬움을 남기지 말자. 배울 수 있을 때 충분히 경험하고 즐기자.

20

날기 전까지는 달려야 한다

전쟁이 벌어지면 가장 중요한 게 병참이다. 제대로 먹지 않으면 아무리 훌륭한 병사와 장비가 있어도 제대로 싸울 수 없다. 물론 사람과 사람이 맞서 싸우던 옛날 전쟁의 경우다.

인천상륙작전 당시 투입된 병사는 총 75,000여 명이었다. 이들에게 하루 3,000kcal의 열량을 보급하려면 매일 157.5톤의 쌀이 필요하다. 몇 달이나 수년씩 이어지는 전쟁에서 이 병참을 제대로 준비하지 못하면 적의 공격으로 죽는 숫자보다 굶주림으로 죽거나 탈영하는 병사가 더 많아질 것이다. 창업도 일종의 전쟁이다. 그것도 온갖 준비가 필요한 현대전이다. 창업하자마자 매출이 곧장 생길 리 없고 매출이 생겨도 당장 이익으로 연결되지 않는 일이 다반사다.

종종 창업을 비행에 비유한다. 매출이 생기고 충분한 이익이 발생하는 구간이 이륙이라면 그 이륙을 위한 충분한 거리의 활주로를 달려 가속이 돼야 한다. 창업에서 활주로는 바로 돈이다. 실제로 스타트업 용어 중 Runway는 보유 자금이 소진될 때까지의 기간을 뜻하기도 한다. 따라서 창업에는 활주로 즉, 돈을 준비해야 한다.

돈을 벌기 위해 돈이 필요하다는 뜻이다. 펌프에서 물을 뽑아 올리기 위해 마중물이 필요한 것과 같다. 가끔 돈 없이도 창업 하는 사람도 있다. 매출도 없는 스타트업이 큰 투자를 받는 경우도 있지만 수천 개 중에 한두 개다. 그 외 대부분 돈에 허덕이다 돈을 구하지 못해 이륙도 못하고 그대로 가라앉는다. 많은 사람이 '창업은 자기 자본으로 하지 않아도 된다'고 역설한다. 물론 초기 창업가를 위한 정부 지원 자금도 많고 액셀러레이터와 벤처캐피털이 많이 생겨서 창업한 회사에 자본 투자도 한다. 하지만 투자에 성공한다는 보장도 없고 투자를 받는 것 자체도 양날의 검이라서 마냥 좋은 것도 아니다. 정부지원금은 준비하는데 시간과 노력이 들어가고 특정 시기와 맞아떨어져야 해서 쉽게 볼 수 없다. 차라리 대출 받아 창업하는 게 더 이상적일 때도 많다.

미국 ABC 방송국의 TV프로그램 〈샤크탱크〉에 출연했던 사업가 케빈 오리어리와 마크 큐번이 어느 창업가의 질문에 답한 내용이다. 그는 이제 막 창업을 시작했는데 투자를 받으면 좋다는 말을 들었다고 했다. 하지만 투자를 유치하기 쉬운 상황이 아니어서 어떻게 하면 좋을지 물었다. 마크는 대답은 이랬다.

"투자금을 유치하지 않아야 합니다! 내가 땀 흘려 버는 돈이 최고의 자본이에요. 작게 시작하면 됩니다. 95퍼센트 이상의 스타트업은 외부 자본을 유치하지 않아도 됩니다. 그냥 번 돈으로 시작하세요. 당신이 어떤 비즈니스를 시작하려는지 모르지만 작게 시작하면 됩니다. 많은 사람이 일을 계속하는 것과 일을 하는 도중에 창업 하는 것 사이에서 고민하면서 투자를 받아 퇴사 하고 싶어 하죠. 저는 밤에 바텐더로 일했습니다. 제 말은 당신이 무엇을 하든 창업가가 되는 과정에 머물고 있다는 겁니다. 그렇기 때문에 주말에 계속 일하거나, 밤에 우버 드라이버로 일하면서 돈을 모아 창업하거나 주중에는 원래 하던 일을 하고 퇴근 후와 주말에 창업하면 된다는 말입니다. 창업가는 일주일에 40시간 일하지 않기 위해 일주일에 80시간을 일합니다."

너무나 정확한 말이다. 그의 말처럼 창업에 필요한 돈을 모으는 방법 중 가장 바람직하고 실현 가능성 있는 방법은 시간을 투자해서 부가적인 수익을 만드는 것이다. 그리고 이렇게 창업자금을 준비하는 것도 창업 과정이다. 조금만 집중해서 다방면으로 생각해 보면 분명 좋은 방법이 나타날 것이다. 창업자금이 필요하다고 너무 고민할 필요 없다. 창업에 돈이 필요한 것은 사실이지만 적은 돈으로 할 수 있는 창업 아이템도 많이 있기 때문이다.

아무리 양보해도 생활비에 쓰일 돈은 준비해 놔야 한다. 창업하고 나면 바쁘고 신경 쓸 일이 많은데 '이달 생활비는 어떻게 하지?' 같은 걱정까지 하고 있을 수는 없다.

21

확실히 준비되었을 때
출발해도 충분히 빠르다

당신은 망할 것이다, 창업을 한다면.

나중에 알려주려고 했지만 미리 알려주는 것도 나쁘지 않을 것 같다. 책을 읽어도 막상 창업하면 어지간해서는 망할 거라서 어쩌면 이 책은 망하기 위해 읽는다고 해도 과언이 아니다. 최근 실패라는 단어가 가끔 멋지게 쓰이는 경우가 있어서 '실패? 까짓꺼 뭐.'라고 생각하는 경향도 눈에 띈다. 영어로는 '망한다'든 '실패한다'든 모두 FAIL이다. 통계청에서 집계한 한국의 최근 신규 법인사업자와 폐업 수를 보자.

- 2017년 신규 124,787 폐업 70,362

- 2018년 신규 130,139 폐업 69,667

- 2019년 신규 137,591 폐업 69,587

- 2020년 신규 153,217 폐업 67,547

- 2021년 신규 159,606 폐업 65,983

수치로 보면 매년 신규 사업자의 절반 정도가 폐업한다. 하지만 '와, 그래도 뭐 절반은 살아남는다는 거네?'라고 생각하면 안 된다. 실제 사업을 시작하고 제대로 운영 되지 않아도 폐업하지 않고 두는 사업자나, 정부지원금이나 보조금을 받아서 폐업 할 수 없는 사업자, 부동산 투자 같은 특별한 목적으로 그냥 두는 페이퍼컴퍼니 같은 사업자 까지 따지면 실제로 운영 중인 사업자 수는 더 적다. 폐업과 마찬가지 상태의 사업자가 더 많다는 의미다. 이쯤되니 사업을 망하려고 하는 것이라고 해도 무방하다.

여기서 정말 중요한 점은 '잘 망해야 한다'는 것이다. 망한다는 것은 결코 '끝'을 의미하지 않는다. 단지 일이 내가 생각한 것과 다르게, 내가 기대한 결과에 미치지 못했다는 의미다. 대신 가치로 환산할 수 없는 수많은 것을 배웠다는 의미도 된다. 계속해서 실패하다 보면 덜 실패하는 법을 배우게 되고 덜 망하게 되면 그때부터 이익을 내고 사업을 성장시킬 방법도 배운다. 간혹 창업하자마자 잘 되는 행운아가 나라면 좋겠지만 적어도 나와 내 주변 사람 대부분 그 경우가 아니었고 그게 정상이기도 하다. 자꾸 실패하다 보면 맷집이 는다. 맞다 보면 아무렇지 않게 되고 회복탄력성이 커지면서 다시 도전할 힘도 생긴 된다. 그리고 언젠가는 실패하지 않는 법도 배울 것이다.

물론 맷집이 좋아지고 실패하거나 망하지 않는 법을 터득했다고 성공 확률이 비약적으로 커지거나 망하지 않는 것은 아니다. 하지만 툭툭 털고 일어나 다시 도전하면 된다는 배짱은 커진다. 이런 생각으로 무장하고 출발하자. 지금부터 준비하는 것 자체가 창업이다. 따라서 본격적인 출발은 준비된 때 하면 된다.

CHAPTER 3

어떻게 하면 되는가

22

회사를 다니면서 창업하는 방법

회사에 다니면서 창업을 준비하는 사람들은 보통 두 가지를 고민한다.

'회사 다니면서 창업해도 괜찮나?'

'회사 다니면서 창업을 할 수 있나?'

첫 번째는 '창업을 준비하고 실제로 창업까지 하면 내가 속한 회사에서 문제가 되지 않을까?'에 대한 고민이다. 두 번째는 '일주일에 40시간 이상 회사에서 근무하면서 창업 준비 시간이 있을까? 노력하면 가능할까?'에 대한 고민이다.

첫 번째 고민에 대한 대답은 '괜찮다'. 이다. 조금 더 정확하게 말하면 '안 괜찮을 수 없다' 이다.

회사에서는 대부분 내규를 통해 임직원의 겸직을 금한다. 그래서 사람들이 회사 다니면서 창업하는 것을 터부시한다. 하지만 회사는 겸직을 금하는 것일 뿐, 창업을 금하지 않는다. 아니, 금하지 못한다.

겸직이란 현재 직업 외의 다른 직업을 갖는 것이다. 그렇다면 직업은 무엇일까? 첫째 일정한 노동을 제공하고 둘째 그에 대한 정당한 임금을 받아야 한다. 따라서 노동을 제공하지 않거나 그에 대한 임금을 받지 않으면 직업이라고 할 수 없다.

그렇다면 노동을 제공하지 않는 경우를 생각해보자. 대부분의 투자활동이 여기에 속한다. 물론 투자 수익을 불로소득으로 볼 수 없지만 전문 투자자가 아니라면 노동을 제공했다고 보기 어렵다. 시장을 분석해 증권 거래를 하든 부동산을 사서 임대 수익을 내든 괜찮다. 이렇게 번 돈은 투자 수익이지 임금으로 볼 수 없다.

하지만 창업, 내 회사를 만들고 운영하는 것은 노동 행위로 보일 수밖에 없다. 그래서 많은 이들이 겸직으로 생각한다. 그런데 겸직이 되기 위해서는 직업의 두 번째 조건 역시 충족이 돼야 한다. 바로 임금이다. 내가 내 회사를 만들어서 노동을 마음껏 제공해도 임금을 받지 않으면 겸직이 될 수 없다.

예를 들어 삼성전자 주식을 샀다고 해보자. 단 한 주를 샀어도 나는 삼성전자의 주주이고 매우 일부지만 삼성전자는 내 회사라고 할 수 있다. 그런 내가 애플의 아이폰을 쓰고 있는 지인에게 '아이폰보다 갤럭시가 훨씬 더 좋다'라고 계속 이야기해서 그 사람이 결국 갤럭시로 핸드폰을 바꿨다. 그 행위가 영업이든 광고든 마케팅이든, 나는 명백히 삼성전자에 노동을 제공했다. 무언가 한 것이다. 하지만 그렇다고 삼성전자가 나에게 임금을 주지는 않는다. 왜? 나는 삼성전자의 임직원이 아니기 때문이다. 당연히 이는 겸직이 아니다.

창업도 마찬가지다. 회사를 만들고 대표나 임직원으로 등록하지 않는다. 나는 단지 내가 만든 회사의 주주일 뿐이다. 그리고 노동을 제공한다. 임금은 당연히 받지 않는다. 왜? 임직원이 아니기 때문에 임금을 받을 방법이 없기 때문이다. 그렇다면 '창업은 하되 돈을 벌지 말라는 뜻인가?'라고 생각할 수 있겠지만 절대 그렇지 않다. 애초에 창업의 첫 번째 목적은 이익 창출이다. 돈을 벌 수 없는데 뭐 하러 창업을 할 것인가? 나를 포함해 지금 이 책을 읽고 있는 모두 애초에 사회적 기업가가 아니다.

다시 한번 삼성전자 주주가 돼 보자. 나는 삼성전자 매출에 기여했지만 직원이 아니어서 임금을 받지 못했다. 그렇다고 나에게 아무런 이득이 없을까? 회사에서 돈을 받는 방법은 임금만이 아니다. 나는 삼성전자의 주주다. 그렇다면 주주는 무엇으로 돈을 버는가? 배당과 주식의 가치 상승을 통해서다. 삼성전자 주식에 장기적으로 투자하면 내가 도운 삼성전자가 좋은 실적으로 주가가 상승할 수 있고 때가 되면 전년도 이익을 주주들에게 배당금으로 지급할 것이다.

내가 만든 회사도 마찬가지다. 물론 창업 초기 비상장 회사가 이익을 내고 주주들에게 배당할 확률은 매우 적지만 사업이 궤도에 오르고 때가 되면 불가능하지 않다. 장차 내 회사의 가치와 주가가 높아지면 추후 회사를 매각하거나 상장해서 더 큰 이익을 얻을 수도 있다. 혹은 회사이익을 유보금으로 모아 뒀다가 현재 회사를 퇴사하고 창업한 회사로 적을 옮겼을 때 임금으로 받을 수도 있다.

결국 회사에 다니면서 창업하는 것은 겸직과 무관하다. 그러니 괜찮다. 물론 '그래도 그건 다니고 있는 회사에 대한 예의가 아니지 않나'라고 도의적인 잣대를 들이대면 할 말 없다. 하지만 지금까지 만난 많은 창업가 중 상당수가 회사에 다니면서 창업했다. 그리고 창업하면서 얻은 새로운 정보와 업무 노하우를 다니고 있는 회사에 적용한 경우가 많다. 특히 기존 회사 동료들이 상상도 못 할 새로운 네트워크를 활용하는 경우가 많은데 이렇게 보면 도의적 이슈도 상쇄될 수 있다.

두 번째 고민 '회사에 다니면서 창업을 할 수 있나?'를 보자. 정규직으로 회사에 다니면서 창업할 시간과 노력, 에너지가 있을것인가에 관한 질문이다. 대답은 '창업이 쉽지 않지만 그렇다고 불가능한 것도 아니다.' 이다.

숫자로 보자. 하루는 24시간이고 일주일은 168시간이다. 점심 시간 포함 회사에서 일하는 45시간을 빼면 123시간이 남는다. 하루 최소 6시간은 자자. 81시간이 남는다. 이는 일주일 168시간의 48.21%로 아직도 절반 이상 남았다. 회사에서 가끔 야근하고 출퇴근하고 가족, 지인과 보내고 먹고 씻는 시간으로 하루 약 6시간 정도 잡으면 41시간이다. 그래도 40시간이 남는다. 40시간, 회사를 하나 더 다닐 수도 있는 시간 아닌가?

이렇게 남는 40시간으로 창업 하면 시간은 충분하다. 평일에는 4시간씩 일하고 주말 이틀 동안에는 10시간씩 일하면 된다. 쓸데없이 낭비하는 시간을 모으면 완전 가능한 일이다. 심지어 어린이날, 개천절, 추석, 설 등 공휴일까지 계산하면 지금 월급 받는 회사에서 일하는 시간보다 더 많은 시간을 창업에 보탤 수 있다.

너무 비인간적인 삶 아니냐고? 절대 아니다. 하루에 여유 시간이 6시간이나 되지 않는가? 이 시간이면 짬짬이 운동도 하고 데이트도 하고 친구들 만나고 효도도 할 수 있다. 게다가 이렇게 살면 돈 쓸 시간이 줄어서 은근히 많은 돈이 절약된다. 그야말로 일거양득이요, 꿩 먹고 알 먹기다.

자, 이 정도면 회사에 다니면서도 창업할 시간과 에너지를 확보할 수 있다는데 이의가 없을 것이다. 시간 확보를 위한 팁을 몇 가지 공유한다.

1. 넷플릭스, 티빙 등 콘텐츠 서비스를 해지해라. 이 돈으로 차라리 유튜브 프리미엄을 결제해 정보 검색 시간을 아껴라.

2. 핸드폰에서 모든 SNS 앱을 삭제해라. 굳이 탈퇴는 하지 않아도 된다.

3. PC와 핸드폰에서 모든 게임과 웹툰 등 콘텐츠 성 유희 거리를 지워라.

4. IPTV도 해지해라. 시사 교양을 위한 뉴스나 국가대항전과 같이 정말 중요한 스포츠 경기는 핸드폰이나 인터넷으로도 충분히 시청할 수 있다.

5. 가능하다면 도보로 출퇴근이 가능한 곳으로 이사해서 출퇴근 시간을 줄여라. 창업을 위해 일하는 공간도 집 또는 집에서 도보로 갈 수 있는 곳에 구하라.

6. 가족이나 오랜 친구처럼 정말로 아끼고 중요한 사람이 아니면 굳이 만나지 말자. 이참에 쓸모없는 인간관계도 정리하면 삶이 오히려 편해진다.

7. 그리고 가장 중요한 것, 아낀 시간 중 일부를 운동에 투자하라. 골프나 낚시 같은 스포츠 말고 웨이트트레이닝과 유산소운동처럼 근력과 지구력을 기르는 운동 말이다. 창업은 장기전이다. 지구력이 필수다.

23

시작 그리고 팀 빌딩

창업을 생각하면 보통 아이템부터 고민한다. 사실 잘못된 접근법은 아니다. 좋은 아이템으로 잘 시작하면 성공할 확률이 조금은 높다. 그러나 다시 말하지만 창업하는 이유는 망하기 위해서다. 어차피 망할 텐데 아이템이 무슨 상관일까? 그보다는 누구랑 창업할 것인지가 더 중요하다.

따라서 우리는 창업을 생각할 때 제일 먼저 팀 빌딩부터 고민해야 한다. 팀은 직원이 아닌 공동창업자를 말한다. 창업 씬에서는 Founding Member 또는 Co-Founding Team이라고 표현하기도 한다. 그렇다면 팀은 어떻게 만드는 것이 현명한 걸까? 질문을 할 때 창업가는 기본적이고 원초적인 질문부터 하는 습관을 들여야 한다. 말하자면 '왜 팀으로 창업해야 하는데?'부터.

팀으로 창업하는 것에는 분명한 장단점이 있다. 장점부터 보자. 일을 분산해 각자 맡은 부분을 하면 사업의 진행 속도가 빨라지고 혼자 하는 것보다 창업팀이 더블, 트리플 체크를 해줘서 위험이나 실수를 방지할 수 있다. 그뿐인가? 일이 잘 풀리지 않아 힘들 때 같이 둘러앉아 개발소발 거리며 소주 한잔 마실 수도 있다. 생각만 해도 스트레스가 풀리지 않는가? 반면에 창업팀 논의 과정에서 의견이 갈리면 일의 진행이 오히려 느려질 수도 있다. 다른 팀원과 잘 어울리지 못하는 팀원이 있을 때 갈등관리도 생각 이상으로 어렵다. 특히 회사 지분을 나눠서 창업을 시작했을 경우 도원결의桃園結義 맺을 때는 장밋빛이겠지만 차후 지분정리 과정이 어려운 경우가 많다. 이외에도 다양한 장단점이 있지만 대부분 상식선에서 예측할 수 있으므로 한번 생각해보기 바란다.

팀의 장단점이 부담스럽거나 애초에 혼자 하는 걸 즐기는 성격이라면 1인 창업도 좋은 선택이다. 모든 의사 결정을 혼자서 하면 사업의 진행 속도가 빠를 것이다. 혼자 결정했으니 실패하더라도 100% 본인 책임이라서 인과 관계를 찾아 실패로 크게 배울 수도 있다. 반대로 업무나 감정을 함께 나눌 사람이 없겠지만 나중에 자신과 잘 맞는 직원을 고용하면 된다. 그러니 팀이 없거나 팀을 만들기 어렵다고 좌절할 필요 없이 장점을 보고 결정하면 된다. 팀을 만들 때 많이 하는 대표적인 질문 두 가지다.

1. 오랜 친구 또는 친한 친구와 창업해도 좋을까요?
2. 가족과 창업하는 것도 괜찮을까요?

확답은 어렵다. 별수 없이 주관과 경험에 빗대어 이야기하면 친구와 창업은 추천하지 않는다. 우리나라는 친구라는 개념 자체가 같은 연도에 태어난 동년배를 뜻하는 문화를 갖고 있어 더욱 그렇다. 일단 친구 사이에는 위아래를 명확하게 구분하기 어렵다. 하지만 함께 시작한 창업팀이라고 위아래 구분이 없는 게 아니다. 회사운영에서 의사 결정 체계는 무시할 수 없다. 게다가 동업하다가 갈라서는 친구들이 좀 많은가? 창업은 언제든 할 수 있지만 오랜 친구는 언제든 구할 수 있는 존재가 아니다. 괜히 가시밭길로 함께 들어가지 말고 아껴두자. 잘 되면 당신이 거나하게 한턱 쏘고 안 되면 친구에게 얻어먹으면 된다.

가족과의 창업 역시 크게 추천하기 어렵다. 형제자매 사이에 의가 상할 수 있다. 부모 자식이라면 세대 차이로 극복하기 어려운 갭이 생긴다. 그뿐일까? 창업하다가 너무 심하게 망하면 도와줄 사람이 가족밖에 없는데 같이 망하면 비빌 언덕도 없는 이중고를 겪게 된다.

다만 부부가 공동창업팀이 되는 것은 추천한다. 창업하면 바쁜 일정 때문에 가족에게 소홀해지기 쉽다. 부부가 함께 창업하면 일하면서 시간을 같이 보내기 때문에 부분이 상쇄된다. 더불어 회사에 정말로 믿는 존재가 한 명쯤 있으면 그것도 큰 잇점이다. '에이, 아닌 것 같은데?'라고 생각해도 좋다. 스스로 판단해서 자신에게 맞는 구성을 하면 된다.

그럼 팀은 어떻게 구성하는 게 좋을까? 경험에 의하면 친구나 가족보다 동료가 팀 구성에는 더 적합하다. 특정 조직에서 같이 일 해 본 동료는 일에서 어느 정도 검증돼 있다. 일하는 스타일과 스트레스 관리법 등 알고 있는 정보가 많고 업무 스타일이나 문서 서식 등도 아마 통일돼 있을 것이다. 이런 것들은 두고두고 좋은 시너지로 작용된다.

물론 동료라고 모두 좋은 창업팀이 될 수 없다. 그렇다면 정말 좋은 사람은 어떻게 판단할 수 있을까? 내가 하려는 창업 아이템에 이해도가 높은 사람이면 좋다. 하지만 아이템은 언제든 바뀔 수 있다. 따라서 특정 아이템에 국한되지 않고 새로운 것을 배우고 시도해 보는 것을 즐기고 내가 갖지 못한 생각과 견해 또는 업무 스킬을 가진 사람이 좋다. 추가하면 창업목적과 비전에 공감대가 형성될 수 있고 끝도 보이지 않는 길을 덤덤하게 걸어갈 수 있는 멘탈을 가진 사람이라면 더욱 좋다. 창업이라는 길을 가다 넘어져도 툴툴 털고 일어나 다시 웃고 다시 갈 수 있는 그런 사람이 최고다.

창업에서 가장 어려운 것 하나를 꼽으라면 바로 팀 빌딩이다. 열 길 물속은 알아도 한 길 사람 속은 알 수 없다. 그렇기에 창업의 첫 걸음인 팀 빌딩에서부터 크고 작은 실수와 실패를 맛볼 확률이 높다. 하지만 여기에서 또 배울 게 있고 결국 모두가 부러워하는 올스타팀을 만들 것이다. 그러니 계속해서 많은 사람과 이야기해 보라. 도저히 마음에 드는 팀을 만들지 못해도 괜찮다. 혼자 창업하는 사람도 많다. 당신 역시 그러면 된다.

24

대표는 대표다

창업 시나리오 안으로 들어가 보자. 5명이 모여 좋은 창업팀을 만들었다. 민주주의에 따라 대표를 선출하고 사업을 시작한다. 사업을 진행하며 중요한 결정은 공동창업자 회의를 열어서 결정한다. 의견이 갈려도 3:2로 의사 결정을 할 수 있으니 문제 될 것 없다. 창업을 시작할 때 가설을 기반으로 한 아이디어는 있었지만 막상 사업을 진행하다 보니 많이 변했다. 그래도 괜찮다. 5명의 유능한 공동창업자들이 머리를 맞대고 민주적으로 결정한 사안들로 개선됐으니 분명 처음보다 좋을 것이다.

여기까지는 분명 문제가 없다. 조금 더 들어가 보자.

상품과 서비스를 런칭했다. 처음에는 시장 반응이 좋았다. 그런데 봄날은 잠깐이었고 결국 아이템은 시장에 자리 잡지 못했다. 공동창업자 5명의 자본금이 부족한 상황이라서 추가적인 마케팅 비용을 위해 대출도 받았다. 이 역시 회의를 통해 결정한 사안이었다. 대출받은 금액까지 마케팅에 활용했지만 역부족이었고 결국 망했다.

이걸로 끝일까? 아직 멀었다. 망한 회사를 정리하는 데는 창업보다 시간이 더 걸리기도 한다. 공동창업자들의 초기 자본금은 투자였고 망했으니 포기하면 된다. 문제는 대출금이다. 민주적으로 선출한 대표이사의 보증이 들어간 대출금. 갚지 않으면 대표이사의 신용에 문제가 생긴다. 이를 위해 또 회의를 시작한다. 공동창업자들이 대표에게 대표이니만큼 책임을 지고 채무를 지라고 떠민다. 하지만 대표는 어이가 없다. 애초에 주요 안건마다 민주적으로 투표를 거쳐 의사 결정을 해왔는데 왜 혼자서 대출금 전부를 책임진단 말인가? 결국 논의는 논쟁이 되고 아무리 회의가 길어져도 합의를 보지 못했다. 다음엔? 별수 없다. 결국 각자 변호사를 선임해 법정에 맡길 수밖에.

이 이야기가 순수 창작 시나리오일까? 안타깝게도 실제 창업 씬에서 잊을 만하면 등장하는 막장 실화다. 자, 어디서부터 어떤 것들이, 어떻게 문제가 되었을까?

먼저 창업하고 망하는 것은 문제가 아니다. '원래 창업은 망하려고 하는 것 아닙니까?'라는 말이 농담처럼 오가는 곳이 창업 씬이다. 창업하고 망하는 것을 문제 삼을 수 없다. 이 경우에서 공동창업자들이 간과한 가장 큰 문제는 다음 이다.

'회사는 민주주의로 운영할 수 있는 개념이 아니다'

민주주의가 인류의 역사에서 가장 선진화된 정치체제라는 것에 이견은 없지만 사업에서 최선책이 아니다. 자본주의를 기반으로 회사를 설립할 때 더 많이 투자하는 사람에게 더 많은 지분이 가는 것은 당연하다. 하지만 회사를 운영하는 방식에서는 민주적이기 어렵다. 투표 등 민주적인 방식을 쓰면서도 잘 운영되는 회사가 있지만 이런 경우는 교재에 실릴 정도로 흔하지 않다. 군이 표현하면 회사는 군주제 또는 봉건제와 유사하다.

창업 초기 기업은 보통 군주제로 움직이는 게 편리하다. 주된 의사 결정을 대표가 하고 결정된 일을 멤버들이 빠르게 해나가는 것이다. 회사가 어느 정도 발전하면 인원이 늘게 된다. 한 명의 리더가 관리할 수 있는 인원이 10명 내외라면 대표가 모든 의사 결정을 내리지 못하는 시점이 온다. 이 시점부터는 봉건제를 채택한다. 군주가 영주제후들에게 영토를 나눠주고 납세와 연내 방위 등의 의무를 부여하는 것과 같다. 사업을 쪼개 임원들에게 나눠주고 수익사업을 담당하는 이에게는 영업의 의무를, 관리사업을 담당하는 이에게는 관리책임을 지우는 식이다.

회사가 더 발전해서 사업이 다각화될 경우 지주사와 계열사를 만들어 관리하는 일종의 제국주의를 채택하기도 한다. 이때 같은 지배경영권에 있는 회사들을 보통 그룹이라 하고 그들의 수장을 회장으로 칭하는 것이 일반적이다.

현재 조직문화는 갈수록 수평적으로 바뀌고 있다. 그러다 보니 수평적으로 운영하면 안 되는 영역까지 수평화되는 경우가 있다. 앞의 경우가 딱 그렇다. 사실 대표이사를 민주적으로 선출하는 것부터 좋은 방식이 아니다. 창업은 가설을 검증하는 과정이다. 사업이 '잘 되는가, 아닌가'보다 최초 아이템을 사업으로 검증하는 것 자체가 중요하다. 그래야 배울 수 있기 때문이다. 민주적 운영으로 가설이 계속 수정되면 누구의 가설도 아닌 상태가 된다. 그래도 잘 되면 다행이지만 실패 확률이 높다.

문제는 그 후다. 누구의 가설도 아닌 잡가설이다 보니 그 누구의 책임도 아닌 게 된다. 이 때문에 실패 최고의 가치인 배움의 기회가 사라진다. 말 그대로 맨땅에 헤딩만 한 셈이다. 나중에 '네가 잘했네, 내가 잘했네' 싸움만 하다가 아무도 아무것도 배우지 못하고 끝나 버리는 것이다.

비슷한 이유로 공동대표제와 각자대표제 역시 추천하지 않는다. 친구들이 함께 창업할 때 자주 쓰는 공동대표제는 사업의 모든 결정에 공동대표의 동의가 필요하다. 두 명이든 다섯 명이든, 모두가 함께 움직여야 한다. 한 대표의 독단적인 의사 결정을 막을 수는 있지만 주요 사안에 모든 대표가 함께 움직여야 해서 시간과 비용 낭비가 심할 수밖에 없다. 무엇보다 대표들 사이에 의견이 다를 경우, 피 튀기는 싸움으로 번져 난항을 겪을 수도 있다.

반면 각자대표제는 조금 다르다. 대표 모두가 개별적으로 완전한 대표의 권리를 행사할 수 있다. 계약할 때 대표 중 한 명만 가도 계약을 체결할 수 있는 등 공동대표제보다 속도감 있는 사업 진행이 가능하다. 그러나 대표 중 한 명의 독단으로 이상한 의사 결정이 이뤄질 수 있다는 위험 요소도 있다.

각각의 대표가 동등한 위치에 있는 공동대표제와 각자대표제에서는 한 명의 가설만 들고 달리는 태세를 보기 어렵다. 당연히 대표 한 명의 가설 검증이 어려워진다. 또 회사가 조금만 커져도 각각의 대표를 따르는 사람들로 쪼개져서 쓸데없는 정치 게임이 시작될 위험도 있다. 그래서 꼭 필요한 경우가 아니라면 추천하기 어려운 방식이다.

대표는 대표다. 대표의 가설에 공감돼서 창업을 함께 하기로 했다면, 대표가 대표답게 활약할 수 있는 체제를 만드는 것부터 도와야 한다. 애초에 공감이 없다면 같이 하지 않으면 된다.

회사의 운영은 민주적으로 진행되기 어렵다는 사실을 인지하고 효율과 성과를 중심으로 회사를 이끄는 일에 일조해야 한다. 대표라면 대표답게 이끌고 대표답게 책임질 줄 알면 된다.

25
당연한 것 같은 사고는
정말 당연하다

살을 빼고 싶으면 식단을 조절하면 된다.

멋진 근육질 몸매를 만들고 싶다면 꾸준히 운동하면 된다.

좋은 시험성적을 얻고 싶다면 열심히 공부하면 된다. 누구나 아는 세상의 이치다. 그렇다면 창업에 성공하려면 뭐가 필요할까.

"흔히 나를 성공한 사람이라고 추켜세우지만 나는 지속적인 목표를 잊지 않고 약간의 노력을 꾸준히 하는 과정에서 상당히 많은 운을 만난 사람일 뿐이다." 글로벌 도시락 체인 스노우폭스Snow Fox의 창업주이자 많은 창업가를 가르치는 김승호 회장이 『알면서도 알지 못하는 것들』이라는 책에서 한 말이다. 성공했다고 칭송받는 다른 이들도 마찬가지다. 내 창업 성공의 요인은 운입니다'와 비슷한 이야기를 한다. 성공의 중요 요소가 행운이었다는 것이다. 답은 나왔다. 창업을 성공적으로 하고 싶다면 행운을 만들면 된다.

행운을 만들다라고 했지만 행운이 따르면 된다는 표현이 더 맞다. 그렇다면 이제 로또복권 사듯 일확천금을 노리고 창업하면 될까? 이렇게 말하면 당장 책을 덮고 싶을 것이다. 당연히 내가 하고 싶은 말이 아니다.

'행운은 준비가 기회를 만났을 때 일어나는 것'

고대 로마 철학가 루시우스 세네카의 말이다. 이 말에 부분적으로라도 고개가 끄덕여진다면 이제부터 생각을 풀어보자. 세네카의 말을 다시 풀면 아래 공식이 나온다.

준비|Preparation + 기회|Opportunity= 행운|Luck

우리가 준비와 기회를 만들어낼 수 있다면 행운도 만들어 낼 수 있다는 뜻이 된다. 준비와 기회를 만들어내는 것은 능력이다. 기회만 오면 바로 잡아챌 수 있도록 나를 날카롭게 만드는 것. 이것이 바로 내가 만드는 능력이고 이것이 곧 준비다. 기회가 우연히 주어지기를 바라는 게 아니라 그 기회를 찾아가서 나에게 물꼬를 트는 일이다. 준비와 기회는 나의 능력으로 만들어지기 때문이다.

창업과 성공의 관점에서 이 '능력'에 필요한 두 가지 필수 요건이 있다. 첫 번째는 시대 사회적 가치 타당성, 두 번째는 경쟁력이다.

첫 번째 시대 사회적 가치 타당성이란 내가 만든 능력이 사회에서 환영받는 것이어야 한다는 것이다. 여기에 행운이 더해졌을 때 성공이라는 결과물이 나온다. 부가 가치를 창출할 수 없는 능력이나, 가치를 창출해도 불법·비도덕·비윤리적인 능력은 인정 될 수 없다. 인터넷 영상 밈으로 쉽게 볼 수 있는 재능 낭비 같은 종류나, 불법 도박사이트 운영 등이 그렇다. 예를 들어 내가 공을 발로 차서 네모난 문 안으로 넣는 능력이 아무리 출중해도 프로 축구 리그가 없으면 경제적으로는 아무런 쓸모가 없다.

두 번째 경쟁력이란 내가 만든 능력이 같은 능력을 만든 다른 사람보다 질이나 양적으로 좋아야 한다는 것이다. 능력이란 일을 감당해내는 힘이다. 하지만 단순히 일을 해내는 것은 경쟁 사회에서 큰 힘이 되지 못한다. 남들보다 더 잘하거나 더 빠르게, 혹은 더 많이 해야 하는 것이다. 그래야 경쟁력 있다.

그렇다면 이런 능력은 어떻게 만들어야 할까?

미국의 정치철학가이자 하버드대학 마이클 샌델 교수는 그의 책 『공정하다는 착각』에서 미국 사회를 지배하고 있는 능력주의를 비

판한다. 그러면서 능력을 재능과 노력이 합쳐진 결과물이라고 표현
했다. 이 주장을 공식으로 표현하면 다음과 같겠다.

$$재능_{Talent} + 노력_{Effort} = 능력_{Ability\ or\ Merit}$$

그의 말대로라면 우리는 재능을 찾아서 여기에 노력을 더하면 능
력을 만들 수 있다. 그런데 이론과 달리 실제는 그리 간단하지 않
다. 살 빼는 방법을 몰라서 살을 '못' 빼고, 멋진 몸을 만드는 방법을
몰라서 '못' 만들고, 공부를 잘하는 방법을 몰라서 공부를 '못'하는 게
아니다. 해마다 수능 만점자가 매스컴에 나와서 "교과서에 다 나와
있어요"라고 말한다. 물론 거짓말이 아니다. 그래도 다른 수험생들
은 만점을 '못' 받는 게 현실이다. 방법을 알아도 힘든 게 있고 감히
창업은 그 힘든 일 중 정점에 있다고 말할 수 있다.

위의 두 공식을 합치면 다음과 같다.

$$재능_{Talent} + 노력_{Effort} = 능력_{Ability\ or\ Merit}$$
$$\rightarrow 준비_{Preparation} + 기회_{Opportunity} = 행운_{Luck}$$

자, 창업 성공에 필요한 행운을 원한다면 해답은 나왔다. 재능에

노력을 더해 능력을 만들고 이 능력으로 준비와 기회를 만들어내면 된다. 지금은 수능 만점자 혹은 성공한 창업가들의 당연한 말로만 들릴 것이다. 이제부터 이 당연한 말들로 이뤄진 창업의 공식 속 요소들을 바로 내 이야기로 만들 길을 찾아보자.

26
가볍게 시작해도 괜찮다. 너무 신중하지 않게

행운을 차지하기 위한 첫걸음은 재능의 탐구다. 재능 탐구라니, 웃음부터 나올지 모르겠다. 어렸을 때 혹은 자녀가 어렸을 때나 써봤을 단어 같을 수도 있다. 하지만 성공하고 싶다면 이제 재능을 탐구해야 한다. 재능의 사전적 의미는 이렇다.

'어떤 일을 하는데 필요한 재주와 능력. 개인이 타고난 재능과 훈련에 의해 획득한 재능을 아울러 이른다'

사전에서 알려주는 것처럼 재능에는 두 가지 종류가 있다. 하나는 선천적으로 타고난 재능, 다른 하나는 환경과 경험을 통해 후천적으로 취득한 재능이다.

먼저 타고난 선천적 재능은 지능이나 신체 능력 또는 신체 조건 등으로 많이 나타난다. 남다른 기억력을 갖고 태어나거나 뛰어난 이해력으로 태어나 영재가 되기도 하고 비범한 시력, 월등하게 큰 키, 압도적인 호르몬에서 비롯된 인한 근육 성장 같은 신체적 재능도 타고날 수 있다. 다행인 것은 선천적 지능은 창업에 필요한 지식을 배우는 데 도움을 줄 수 있지만 노력으로 메울 수 있고 선천적 신체 재능은 창업에 크게 도움이 되지 않는다.

다음, 환경과 경험을 통해 후천적으로 취득한 재능은 다시 둘로 나눌 수 있다. 하나는 이미 발견해서 길러진 재능, 다른 하나는 아직 발견하지 못한 재능이다. 우리가 탐구해야 할 재능은 바로 후천적으로 취득한 또는 취득할 수 있는 재능이다.

이미 발견한 재능은 전공이나 취미 등으로 취득했을 것이다. 미술이나 음악, 예체능 쪽 재능은 물론 다양한 취미와 장기를 가진 사람들 말이다. 처음 창업할 때는 보통 본인의 발견된 재능을 활용해 아이템을 선정하는 경향이 있다. 애초에 알고 있고 관심이 있고 좋아하는 영역이기 때문에 지속가능성도 괜찮을 것 같아서다. 사실 나쁘지 않다. 실제로 회사에 다니다 취미를 기반으로 창업한 후 성공적으로 안착한 사람들이 있어서 행운이 조기에 발현된다면 나쁘지 않은 선택이 된다.

하지만 보통의 창업가라면, 도전과 실패를 반복하며 성장하는 사람이라면, 결국 새로운 재능을 발견해야 한다. 미발견 재능을 탐구하고 발굴한 뒤 이것을 활용해야 하는데 이런 일은 어렵지만 한편으로는 쉬운 일일 수 있다.

당연한 일이지만 재능을 발견하려면 새로운 것을 시도해야 한다. 분야를 제한할 필요는 없지만 지금까지 경험상 '이쪽은 나랑 정말 안 맞아'라고 생각되는 분야는 그냥 두자. 일명 '똥손'이라면 손재주가 필요한 일은 삼가고 절대음감도 없고 음치 박치라면 음악 쪽은 마음을 비우자는 말이다. 다행인 것은 대부분의 일은 어느 정도 상식선에서 할 수 있다. 그러니 분야에 지나친 제한을 두지는 말자. 하다 보면 '아니 내가 왜 이걸 잘하지?'라는 순간이 올 수도 있다.

수입차 부품 해외 직구 구매대행 서비스〈시드오토파츠Seed Auto Parts〉의 안정욱 대표 이야기다. 그는 미대 졸업 후, 나이키 코리아에서 세일즈 마케팅 업무를 20년 동안 담당했다. 폭스바겐 티구안을 타고 다니던 그는 평소 자동차에 관심이 많았다. 수입차는 차 가격도 비싸지만 정비와 수리에 '이건 과하다' 싶은 돈이 들어갔고 불만이었다. 관심이 취미가 되어 일정 수준에 도달하자 그는 본인의 자동차에 문제가 생기면 해외에서 부품을 주문해서 아파트 주차장에서 자가 수리하는 경지에까지 올랐다. 이 경험은 자신처럼 불만을 가진 사람들이 분명히 많을 거라는 생각으로 이어졌고 결국 창업했다.

프랜차이즈 브랜드 <홍이집>을 운영하는 주식회사 홍이나라의 이우홍 대표도 마찬가지다. 대학 졸업 후 코오롱 제약에서 병원을 상대로 영업하던 그는 친한 친구의 고깃집 창업 소식을 접했다. 평소 고기를 좋아한 그는 친구네 고깃집의 가맹을 받아 회사를 다니는 동시에 고깃집을 창업했다. 제주도 흑돼지 오겹살을 주로 판매하던 곳이었는데 사업을 오래 하려면 잠깐 반짝이는 아이템보다는 예나 지금이나 나중에도 사람들이 좋아할 수 있는 스테디한 아이템을 해보고 싶었다. 양념 맛은 쉽게 따라 할 수 없겠다는 판단으로 양념 돼지갈비를 선택하고는 고기와 양념을 연구하기 시작했다. 결국 본인의 이름을 딴 돼지갈비 전문 프랜차이즈 <홍이집>을 만들고 창업 3년 만에 23개 가맹점으로 확대돼 연 매출 100억 이상을 올리고 있다.

이렇게 새롭게 탐구한 재능으로 창업한 사람들이 많다. 새로운 재능을 발전시켜 나갈 때 시장성까지 더해지는 것. 이것이 창업 아이템을 선정하는 가장 건강한 방식이다.

재능을 탐구할 때 꼭 알아야 할 것이 있다. 재능 판단 기준을 잘하는지보다는 '얼마나 관심을 갖고 좋아하는지'에 두는 것이다. 창업에서 경쟁은 사실 그렇게 중요하지 않다. 창업하면서 느낀 것 중 하나가 세상이 정말 넓다는 거다. 꼭 1등이나 상위권이 돼야 사업이 성공하고 발전하는 게 아니다. 적당한 선에서 꾸준히 사업을 끌고 나갈 수만 있어도 충분히 원하는 삶을 살 수 있다. 그러니 더 오랫동안 관심을 갖고 집중할 수 있는 재능을 찾아야 한다.

"아이디어는 완벽하게 만들어져서 나오지 않습니다. 실행에 옮기면서 명확해지는 것입니다. 그렇기에 그냥 시작해야 합니다. 제가 만약 사업을 시작하기 전에 사람들을 연결하는 방법을 모두 알아야 했다면 저는 페이스북을 만들지 못했을 것입니다."

페이스북의 창업가 마크 저커버그가 2017년 중퇴했던 하버드대 졸업식에서 한 연설이다. 그의 말처럼 관심 있는 아이템을 찾았다면 너무 완벽한 상태로 시작하려고 하지 말고 일단 시작해 보는 게 답이다. 고민을 너무 많이 하면 될 수 있는 것도 되지 않을 것 같고 안될 것도 될 것 같은 착각을 일으킨다. 그러니 너무 걱정하지 말고 천천히 한번 출발해 보자.

27

이도저도 잘 되지 않을 땐
그냥 '되는 것'을 하면 된다

간혹 미디어에 화려하게 등장하는 창업 관련 뉴스가 있다. 혁신적인 기술 아이템 기반으로 창업한 모 회사가 큰 규모의 투자를 유치했다, 기술력 기반으로 창업한 모 스타트업이 수천억 넘는 금액에 매각되었다는 뉴스다.

그래서일까? 창업 준비자 중 상당수가 이런 혁신 기술로 창업하려고 한다. 꿈은 클수록 좋으니 열정에 찬물을 끼얹고 싶지 않다. 그래도 현실은 직시해야 하니 기술 창업의 필수 조건을 알아보자.

기술 창업이란 제품이나 서비스를 만들기 위해 특정 기술, 공학분야의 높은 전문 지식이 필요한 창업, 창업할 때 특정 기술이나 과학적인 스킬이 필요한 창업이다. Tech Startup과 비슷하다고 이해하면 된다. 예를 들어 소프트웨어 개발력 기반 프로그램이나, 모바일 애플리케이션 서비스, 하드웨어 개발력 기반 전자기기 제조 등이 대표적인 기술 창업이다. 또 블록체인, 메타버스, 빅데이터, 딥러닝, 인공지능, 증강현실, 가상현실 같은 4차 산업혁명으로 분류되는 아이템들이 대표적인 기술 창업이다.

먼저 기술 창업을 하려면 해당 기술 분야에 대해서 대표 또는 공동 창업팀의 지식수준이 전문가 수준이어야 한다. 지식수준뿐 아니라 실제 그 기술을 전문가답게 구현할 수 있어야 실제로 창업을 할 수 있다. 제품이나 서비스를 만들 수 있어야 한다는 것이다. 아니면 기술에 대한 전문 지식을 갖고 해당 제품과 서비스를 만들 수 있는 개발팀을 꾸릴 수 있어야 한다.

즉 직접 만들거나, 만들 수 있는 사람들을 고용할 수 있거나 둘 중 하나는 돼야 한다. 대표나 창업팀이 직접 하든 사람들을 고용해서 하든 인하우스In House 개발력이 뒷받침돼야 한다는 것이다. 아웃소싱으로 외주 개발사나 프리랜서를 활용해 해결할 수도 있겠다. 문제는 이런 방식으로 실제 제품과 서비스가 상용화될 수 있는 확률이 낮고 실제 런칭 돼도 시장 검증 과정에서 수정·보완 작업에 속도를 내지 못해 좌초되는 일이 많다.

또 하나의 문제는 최근 기술 창업 열풍으로 거의 모든 분야의 개발자 임금이 대폭 올랐다. 10년 정도 경력에 어느 정도 실력을 갖춘 소프트웨어 개발자를 구하려면 2억에서 연봉협상을 시작해야 할 정도다. 기술 창업은 기본적인 인력 시장 흐름을 알고 시작해야 한다. 단순히 아이템이 좋다고 뛰어들면 너무 힘든 길이 기다리고 있다.

물론 예외도 있다. 지적 수준이나 지식 탐구 열망이 최상이라면 가능할 수도 있다. 테슬라를 창업한 일론 머스크는 본인이 창업한 항공우주 스타트업 스페이스엑스Space X 관련된 인터뷰에서 '항공 우주와 관련된 지식은 어떻게 배워서 창업을 하게 되었나?'라는 기자의 질문에 이렇게 대답했다.

"저 스스로 배웠습니다. 저는 항공우주공학과 관련된 전공을 하지 않았습니다. 많은 책을 읽었고 다수의 똑똑한 사람들과 이야기를 나눴고 대단한 팀을 갖고 있습니다."

하고 싶은 창업 아이템과 관련된 지식이 없다면 배워서 하는 것도 방법이다. 그래도 여전히 기술 창업을 추천하기는 어렵다. 기술 창업의 경우 창업 이후 기술개발에 엄청난 비용과 시간이 필요하다. 그뿐일까? 기술개발에 성공해서 사장에 맞게 상용화하고 런칭해도 실제 매출과 이익으로 이어지는 데 적지 않은 시간이 걸린다. 소비자와 기업을 대상으로 수요를 찾아내는 것이 결코 쉬운 일이 아니다.

　그러다 보니 많은 기술 창업가들은 투자 유치로 회사를 운영하는 경우가 많다. 가뜩이나 어려운 창업에 투자라는 회사에 크고 작은 영향을 끼칠 수 있는 외부 요인이자 외부 변수가 생기는 것을 추천하기는 어렵다.

　세상에는 무한에 가까운 창업 아이템이 있고 특정 기술이나 분야의 전문적인 지식이 없이도 할 수 있는 것들이 대다수다. 기술 창업 조건에 맞는 사람이라면 해도 괜찮지만 그래도 여전히 힘든 길이 될 것이다. 가뜩이나 힘든 길을 더 힘들게 가라고 추천하기는 어렵다. 그러니 나에게 맞는 아이템을 잘 찾아보자.

　'안 되면 되게 하라' 멋있는 말이지만 더 권하고 싶은 말은 이것이다. '안 되면 그냥 되는 것을 하자!'

28

예측은 상상일 뿐이다

"나는 천체의 움직임은 계산할 수 있지만 대중의 광기는 계산할
수 없다."

역사상 가장 위대한 물리학자 중 한 명인 아이작 뉴턴이 한 말이
다. 주식 시장에서 큰 손해를 본 그가 다소 과하게 광기Madness라고
표현했지만 그가 대중이라고 표현한 시장 자체는 그의 말처럼 예측
할 수 있는 성질의 것이 아니다. 시장을 예측하는 것은 누구라도 어
렵다. 어쩌다 운이 좋아서 몇 번 맞출 수는 있어도 계속 예측하는 것
은 불가능하다.

모든 지표는 과거의 사실을 통계적으로 보여주는 역사적 분석일

뿐, 미래에 대해 어떤 것도 보장하지 못한다. 명확한 인과 관계가 없다면 과거와 현재, 미래는 완벽하게 독립된 상황이기 때문이다. 그러니 과거의 통계적 사실에 너무 매일 필요 없다. 다른 사람이 본인의 과거 경험을 토대로 부정적인 의견을 낼 때 특별히 경계해야 한다. 대체로 이렇게 시작하는 말들이다.

"아, 그거? 내가 해봤는데~"

경험에 대해서 일정 부분 도움 되는 정보를 얻을 수도 있다. 하지만 하려는 창업 아이템과 관련해서는 딱히 도움이 되지 않는다. 애초에 후행 지표일 뿐 아니라 내가 아닌 다른 사람이라는 너무 다른 큰 변수를 갖고 있기 때문이다.

우사인볼트는 100미터를 9.58초에 뛴다. 하지만 우리는 10초나 11초, 하물며 12초에 뛰기도 어렵다. 솔직히 불가능하다. 고작 100미터 달리기에서도 개인 역량 차가 이렇게 큰데 복잡한 창업에서 개인 역량 차이는 얼마나 크겠는가? 그러니 위에 있는 것 같은 말을 들으면 이렇게 생각하고 넘기면 된다.

"그건 너고."

그렇다면 선행지표라고 할 수 있는, 흔히 말하는 시장조사는 의미가 있을까? 의미가 없다고 할 수는 없지만 그 의미가 크거나 정확하다고 말하기도 어렵다. 시장조사는 보통 조사 진행자가 원하는 방향으로 설계될 가능성이 있어서 그 결과를 크게 믿을 수도 없다. 대선이나 총선 때 하는 사전 설문 조사를 생각해보면 알 것이다. 신뢰도가 거의 '찍기' 수준이다.

또한 사전 조사는 미처 계산하지 못한 변수 때문에 전혀 다른 결과가 나오기도 한다. 전 워싱턴 포스트 기자이자 『아웃라이어』, 『블링크』, 『티핑포인트』 등 대단한 베스트셀러의 저자인 말콤 글래드웰이 그의 저서 『블링크』에서 언급한 펩시의 도전이 좋은 예다.

1980년대 초, 독보적인 위치에 있던 코카콜라 지지층이 감소하고 펩시의 지지층이 오르기 시작했다. 이 와중에 펩시는 코카콜라 애호가들에게 펩시 챌린지Pepsi Challenge를 진행했다. 블라인드 테스트로 코카콜라와 펩시를 한 모금씩 시음한 후, 더 선호하는 것을 고르라는 것이다. 코카콜라의 애호가들은 펩시를 선택한다. 놀란 코카콜라에서 내부적으로 테스트 해 보니 사람들이 정말 펩시를 골랐다. 이에 코카콜라는 새로운 레시피를 만들어 콜라를 펩시처럼 더 묽고 달게 만든 뉴코크New Coke를 출시했다. 결과는 참담했다. 결국 코카콜라는 클래식 코크Classic Coke로 돌아갔다. 시장조사 결과에서 보인 추세가 실현되지 못한 것이다.

이들이 놓친 건 뭘까? '한 모금 테스트'에서는 단맛이 더 강한 펩시가 우세했지만 사람들은 탄산음료를 한 모금만 마시지 않는다.

한 잔, 한 캔, 한 병을 마시기 때문에 더 오래 먹기 좋은 음료가 무엇인지에 대한 결과를 유추할 수 있는 설계를 놓친 것이다.

이렇듯 잘못된 질문은 제대로 된 대답을 끌어내지 못한다. 그렇다면 '질문만 잘하면 되지 않을까?'라고 생각할 수도 있겠다. 하지만 생각해보라. 질문을 잘하는 것과 정답을 찾아내는 게 쉬웠다면 모두가 성공하지 않았을까? 그러니 선행지표 격인 시장조사 역시, 무수히 많은 변수 때문에 신뢰할 수 없는 결과가 나올 수 있다.

시장과 창업 아이템에 관련해 말할 때 오션Ocean이라는 단어가 많이 등장한다. 이 제품의 시장은 이미 레드 오션Red Ocean이라 진입이 어렵다거나 이 시장은 아직 개척되지 않은 블루 오션Blue Ocean라서 가능성 있다 같은 얼핏 듣기에는 그럴싸하지만 실제로 똑같이 작용되는지는 미지의 영역일 뿐이다. 해보기 전에는 아무것도 장담할수 없다.

레드 오션 시장은 경쟁이 심한 만큼 성숙한 시장이라서 고객을 이해시키고 설득하기 쉽다. 이미 형성된 시장이니만큼 충분한 수요가 있어서 고객이 쉽게 지갑을 열고 경험과 경력을 쌓은 인력도 많아서 사람 구하기도 쉽다. 반대로 블루 오션 시장은 경쟁이 없다는 장점 이면에 '어쩌면 애초에 형성되기 어려운 시장일 수도 있다'는 위험이 있을 수 있다.

2008년이나 2009년으로 되돌아가보자. 카카오를 이제 막 창업하려고 준비 중이던 김범수 당시 대표가 당신과 아는 사이다. 어느날 그가 찾아와서, 10억을 투자하면 카카오 주식 10%를 준다고 한다. 당신은 투자하겠는가? 지금이야 카카오 시가총액의 10%가 얼마나 큰 돈인지 알기에 당연히 "감사합니다!!" 하며 절이라도 하며 온갖 돈을 끌어모아 투자를 할 것이다. 하지만 그 당시라면 아마도 투자하지 않을 가능성이 크다. 10억이 적은 돈이 아니고 메신저야 이미 MSN 메신저, 네이트온, 버디버디 등이 있는데 기존 서비스가 모바일로 진출하는 편이 성공확률이 더 크다고 생각할 수도 있다.

그러니 시장 또는 창업할 아이템과 관련해 그 어떤 것도 과하게 맹신할 필요 없다. 심지어 자기 자신도 믿지 말아야 한다. 내가 실패한 아이템을 같은 시장에서 같은 아이템으로 누군가는 성공할 수도 있다.

해보기 전에는 아무것도 모른다. 그렇기에 재능을 찾았다면 자신감을 갖고 달려 나가자. 어차피 우리는 될 때까지 할 것 아닌가? 따라서 이번이 처음일 수는 있어도 마지막은 아닐 것이다.

29
즐거운 사람과 함께
일하는 즐거움

'천재는 노력하는 자를 이길 수 없고 노력하는 자는 즐기는 자를 이길 수 없다.' 한번쯤 들어본 말일 것이다. 찬반 논란의 여지가 다분하지만 이 말을 처음으로 한 사람이 어떤 의도였는지 나름대로 이해할 수 있을 것 같다. 지속가능성 면에서 본다면 말이다. 이 말을 창업의 공식에 더하면 다음과 같이 말할 수 있다.

'창업에 성공하고 싶다면 죽을 만큼 노력하지 말고 즐기면서 노력해라' 창업은 이기고 지는 문제가 아니다. 내가 누군가를 제치거나 밟고 올라야 하는 게임이 아니다. 세상에 존재하는 창업의 기회는 무한에 가까워서 승부 관점에서 볼 필요가 없다. 따라서 창업은 노력의 지속가능성 즉, 계속 노력할 수 있는지에 관한 관점으로 봐야 한다.

노력은 두 가지가 있다. 죽어라 하는 고통이 수반되는 노력, 비교적 즐기면서 하는 노력. 죽어라 하는 노력은 보통 노력 자체가 매우 고통스럽다. 당장에 손에 잡히는 성과나, 과정에서 오는 작은 결실도 없는 편이다. 다르게 표현하면 노력보다는 버틴다는 상황이다. 따라서 유지가 어렵고 어느 정도 유지한다 해도 자칫 멘탈까지 흔들려 무너지는 번아웃을 불러오기도 한다. 그래서 지속하기 어렵다.

반면 즐기면서 하는 노력은 다르다. 노력하는 과정 자체가 즐거울 수 있다면 당장 손에 잡히는 성과가 없어도 괜찮다. 과정에서 얻은 작은 결실만으로도 행복하다. 내 경우는 30대 들어 유튜브 독학으로 배운 우쿨렐레가 그랬다. 처음 잡아보는 현에 손가락 끝이 찢어지듯 아파도 어설프게 코드를 잡으며 연주하고 노래하는 게 즐거웠다. 이 즐거움은 지속가능성으로 이어졌다. 즐겁기에 노력 자체를 계속할 수 있던 것이다.

그렇다면 이것을 창업 공식에 대입하면 어떨까? 자신이 찾은 재능에 노력을 보태야 능력이 되는데 어떻게 즐기면서 노력할 수 있을까?

재능에 노력을 보태 능력으로 만드는 데는 많은 시간과 에너지가 필요하다. 따라서 노력 자체는 무한 동력을 제공하는 수단이 돼야 한다. 즐기면서 노력하는 사람이 되는 방법을 알아보자.

먼저 즐길 수 있는 사람과 함께 해야 한다. 아무리 힘든 조직 생활도 함께 하는 사람에 따라 그 과정이 즐거울 수 있다는 걸 우리는 이미 안다. 매일 부족한 잠과 공부에 시달리는 수험생들도 좋은 친구와 함께라면 웃고 끝도 안 보이는 군 생활도 동기나 가까운 선후임과 시간을 보내며 버틸 수 있다. 까칠한 상사가 있는 회사 생활도 친한 동료들과 퇴근 후 한 잔 하고 훌훌 털면 다시 출근할 수 있는 것처럼 말이다. 앞에서 말했지만 창업을 위해서는 일주일을 쪼개서 두 번 살아야 한다. 월급 주는 회사에서 퇴근하고 내가 만든 회사로 출근하는 삶, 주말에도 일하는 삶을 살아야 하는 것이다. 이일을 가능하게 하는 게 바로 함께 일해서 즐거운 사람이다.

그 사람이 꼭 같이 창업하는 창업팀일 필요는 없다. 함께하는 창업팀이 즐거운 사람들로 구성돼 있다면 이건 마치 원자력 추진 엔진을 얹은 자동차와 같다. 끝없이 이어지는 노력에도 지치지 않고 나와 내 팀을 이끌어주는 원동력. 하지만 그럴 수 없어도 대안은 충분히 있다. 함께 해서 즐거운 사람이 주변에서 창업을 준비하는 다른 예비 창업가일 수도 있고 나에 대한 전폭적인 지지와 응원을 아끼지 않는 가족이나 가까운 친구가 될 수도 있다. 심지어 혼자인 것이 세상 제일 편한 사람에게는 혼자 그 자체가 즐거운 함께로 느껴질 수도 있다.

다음으로 내가 하고 싶은 것을 하는 것이다. 일각에서는 '취미가 일이 되면 안 된다'라고도 하는데 나는 동의하지 않는다. 취미가 곧 특기라면 이것이 바로 재능이 될 수 있다. 노력을 통해 더 발전시킬 수 있다면 능력이 될 수 있다. 그리고 무엇보다 좋아하는 일을 하면서 시간 가는 줄 모르는 에너지를 이용해 창업 과정의 고통 중 하나인 시간을 이겨낼 수 있다. 특히 노력하는 과정에서 엄청난 정보 탐색이 필요한데 수많은 시간을 들여도 괴롭지 않고 지루하지 않고 질리지 않은 아이템이라면 얼마나 즐겁게 해낼 수 있을까?

즐거운 사람들과 즐거운 일을 모두 갖추면 그야말로 즐겁게 노력할 수 있지만 두 마리 토끼를 한 번에 잡기는 쉽지 않다. 만약에 둘 중 하나를 선택해야 한다면 즐거운 사람을 선택하는 편이 현명하다. 즐거운 일, 즉 사업 아이템은 가설 검증에 실패할 수 있는 리스크를 항상 갖고 있다. 애초에 가설 자체가 잘못일 수 있고 내 노력이나 운이 부족해서 검증에 실패하게 될 수도 있다. 그럴 때는 당연히 다시 시작해야 한다. 돌아가서 다른 아이템으로 또 다른 시도를 할 때 즐겁게 일했던 사람들과 다시 시작할 수 있다면 그야말로 천군

만마 아닌가? 즐거운 일보다는 즐거운 사람을 택할 때 노력을 지속할 가능성이 커진다.

30
똥과 된장을 구별해 내는 게 아니라 그냥 찍어 먹어보는 게 목적이다

"준비에 실패하는 것은 실패를 준비하는 것이다."

미국의 정치인이자 100달러짜리 지폐의 주인공인 벤자민 프랭클린이 한 말이다.

준비란 상황이 발생하기 전, 상황에 빠르게 대처해 원하는 목표를 이룰 수 있는 대응안이 갖춰진 상태를 의미한다. 창업에서 상황이란 경쟁, 위기, 사건, 기회 등 다양하다. 준비가 돼 있지 않으면 상황에 어설프게 대처하거나 아예 대처하지 못하는 비극을 초래할 수 있다. 프랭클린의 말처럼 '실패를 준비하는 것'이 된다.

이런 준비 없어도 소 뒷걸음질 치다 쥐 잡는 것처럼 얼떨결에 얻어걸리는 행운이 있을지 모르지만 우리는 요행이 아니라 기회를 잡아야 하기에 준비가 필요하다.

그렇다면 어떤 것들이 선행돼야 할까? 바로 계획이다. 어렵지 않게 생각할 수 있다. 다양한 상황에 대한 계획을 세워 이를 공유하면 상황이 발생했을 때 대응이 가능해진다. 문제는 창업에서 계획이 무척 어렵다는 거다. 어쩌면 불가능에 가깝다. 크고 작은 변수들이 난무하는 상황에서 계획을 세운들, 그대로 되지 않을 가능성이 더 크다. 계획이 갖는 정확성이나 명중률이 현저히 떨어질 수밖에 없다. 따라서 계획으로 대비를 한다는 건 이론상 말이 되지만 실제로는 어려울 수 있다.

다행히 계획의 낮은 효율성을 보강하는 방법이 있다. 알버트 아인슈타인은 '경험은 지식의 유일한 원천이다'라고 했다. 아인슈타인의 말처럼 경험은 지식의 원천 뿐 아니라 세상에서 가장 가치 있는 배움의 길이다. 그리고 이 경험이 계속돼 쌓이고 또 쌓이면 준비에 이르는 방법이 된다.

해본 일과 해 보지 않은 일의 차이는 분명하다. 발생한 일이 이전에 해본 것과 유사하면 같은 대응 방식으로 처리해 보려고 해볼 수 있지만 해보지 못한 종류의 일이라면 어떻게 처리해야 할지 머리를 싸매야 할 것이다. 즉각 대응하는 것과 추가로 시간을 더 들여 알아본 다음 대응하는 것의 차이는 크다. 경험의 중요성을 굳이 말할 필요도 없다. 누구나 경험이 중요하다는 것을 안다. 오죽하면 '젊어 고생은 사서라도 한다'고 했을까.

그렇다면 경험을 어떻게 쌓아야 할까? 길게 말할 필요도 없다. 닥치는 대로 해보면 된다. 누가 도와 달라면 도와주고 주변의 예비 창업가가 창업에 뛰어들면 대가를 받지 못해도 가서 거들면 된다. 작은 일이나 기회가 생겼을 때 전후좌우 상하 따질 것 없이 그냥 달려들면 된다. 이것저것 따질 시간에 한 번이라도 더 해보는 게 훨씬 빠르게 경험을 쌓는 법이다.

당신은 이미 어느 정도의 사회적 위치에 있을 것이고 그 위치에 걸맞은 삶의 방식으로 살아왔을 것이다. 계획 없이 대뜸 달려든다 해도 그 일을 말도 안 되는 낮은 수준으로 진행할 리 없다. 십수 년 이상 유지한 수준을 무너뜨리는 것은 그 수준을 올리는 것보다 더 어려운 일이다. 그러니 그냥 하라. 똥인지 된장인지 찍어서 먹어보라는 거다. 아무리 '딱 봐도 이건 진짜 똥인데' 싶은 생각이 들어도 먹어야 한다. 똥과 된장을 구분해서 된장을 먹으려는 것이 아니라 먹어보는 행위 자체가 목표다.

이런 정신으로 모든 것에 기웃거리며 이것저것 하다 보면 놀랍게도 새롭고 처음 보는 일의 가지 수 자체가 현저하게 줄어든다.

그뿐일까? 생전 처음 보는 일이 생겨도 기존에 쌓은 경험을 토대로 이것저것 융합하고 응용해서 대응할 수 있게 된다. 그리고 이런 경지에 올랐을 때 비로소 스스로 준비되었다는걸 느끼는 날이 온다. 어떤 기회가 와도 한번 해볼 수 있다는 자신감이 생기는 것이다.

미국의 프로 테니스 선수로 그랜드 슬램을 세 번이나 달성한 아서 애시가 한 말이다.

"성공의 중요한 열쇠 중 하나는 자신감이다. 그리고 자신감의 중요한 열쇠는 준비다."

그렇다. 다양한 경험을 통해 쌓은 준비는 스스로에게 자신감을 줄 것이고 이 자신감 덕분에 우리는 새롭고 더 많은 기회를 더 쉽게 맞이하게 될 것이다. 애시에게 준비 과정이 연습이었다면 우리에게 준비 과정은 경험이다.

지속된 경험은 덤으로 나의 캐파_{역량}와 적성을 알게 해준다. '그 일은 내가 할 수 있었는데 이 일은 내가 하기 좀 부적합하네'라는 경험에서 나온 배움을 얻는 것이다. 경험을 통해서 알게 된 본인의 캐파와 적성은 수많은 기회가 난무하는 지금 더 맞고 더 좋은 그리고 궁극적으로 할 수 있는 일의 기회를 알아차리게 도와줄 것이다. 쓸모없이 무모한 도전을 막아주는 셈이다. 그러니 이게 좋을지 저게 좋을지, 똥인지 된장인지 구분하고 있을 시간에 하나라도 더 해보자.

그리고 그 경험을 거름 삼아 스스로를 준비시키자.

31
그 많은 서퍼들은 파도타기 순서를 어떻게 알아낼까

커다란 파도가 밀려오는 해변에서 서핑 해본 적 있는가? 해보지 않았어도 본 적은 있을 것이다. 그 장면을 상상해보자.

서퍼들은 서핑보드에 엎드려 팔을 저으며 생각보다 먼 바다로 나간다. 파도가 생성되는 구간까지 가는 것이다. 수십 명의 서퍼가 서핑보드 위에 앉거나 엎드려서 좋은 파도가 오기를 기다리는 모습이 연출되기도 한다. 이들은 어떤 순서로 파도에 어떻게 올라탈까? 아는 사이도 아니고 순서를 정하기도 어렵다. 그렇다고 먼저 온 사람이 먼저 타는 방식도 아니다. 즉 서로 미리 정해놓지 못한다.

이때 이들의 행동을 보는 것은 의외로 재미있다. 적당한 파도가 오기 시작하면 눈치 싸움이 시작된다. 그러다 누군가 한 명이 먼저 자세를 취하고 파도에 맞춰 서핑보드에 발을 올리고 일어서서 파도를 타기 시작한다. 애매하게 동시에 파도에 오른 다른 이가 있을 때는 서로 부딪히는 사고가 발생하기도 한다. 그러다 보면 몇십 분째 타이밍을 잡지 못해서 계속 파도에 오르지 못하는 이도 보인다. 이런 양상이 우리가 창업할 때 기회를 잡는 모습과 많이 닮았다.

재능을 발견하고 노력을 보태 능력을 만든다. 이에 수많은 경험까지 쌓아서 준비 상태가 되었다면 이제 기회를 잡아야 한다. 세상을 놀라게 할 만한 획기적인 아이템과 나만의 능력으로 회사를 성장시키는 게 가장 좋지만 누가 그걸 모르는가? 말처럼 쉬운 일이 아니고 확률적으로도 불가능에 가까운 수준이니 기회를 잡아야 한다.

사업을 하다 보면 수많은 기회의 문을 만난다. 자물쇠 없이 그냥 열리는 문도 있고 두들기기만 해도 반자동으로 열리는 문도 있다. 종종 아주 중요해 보이는 문이 자물쇠로 꽁꽁 잠겨 있기도 하다. 이 문을 여는 방법이 보통은 네트워킹 안에 있다. 대부분의 기회는 사람으로부터 온다는 것이다. 누구일지는 모르겠지만 분명, 이 문을 열 수 있는 열쇠를 쥐고 있는 키맨 Key Man이 어딘가에 있다.

키맨을 만나는 방법은 쉬울 땐 '이렇게 쉽게?'라는 생각이 들 정도로 한없이 쉽지만 어려울 땐 '아 안되는구나'라며 포기할 정도로 어렵다. 그나마 다행인 것은 네트워크라는 단어 자체가 보여주듯 인맥을 통해 다른 사람을 만나고 계속 넓혀 가는 행위 자체가 그물Net 같은 성질이 있다는 것이다. 갈수록 그 양과 질적인 면에서 성장하게 되고 계속하다 보면 언젠가는 더 많은 키를 쥐고 있는 사람들과 한 테이블에 앉은 자신을 발견하게 될 것이다. 그러니 인맥도 경험이라고 생각하고 계속해서 다양한 사람들을 만나고 또 거기서 파생되는 사람들을 만나면 늘게 돼 있다. 물론 사업은 뒷전에 놓고 네트워킹만 하면 안 되는 것이니 경중을 따져봐야 한다.

경험에 의하면 대부분의 키맨은 하나의 열쇠만 쥐고 있지 않다. 자본에도 부익부빈익빈富益富貧益貧이 있듯 기회도 마찬가지다. 돈을 막 퍼주는 사람은 없지만 다행히도 기회는 돈에 비해 비교적 잘 나눠주곤 한다. 키맨의 입장에서는 기회를 돈처럼 반영구적으로 보관하는 것이 어렵기 때문에 덕을 쌓기 위한 선의든 혹은 마음의 빚을 지워 언젠가 돌려받겠다는 비즈니스 관점이든 이를 나눠주게 된다. 키맨의 입장에서도 계속해서 기회를 융통시켜야 본인에게 더 많은 기회의 흐름이 오게 된다.

종종 기회를 보고도 이를 놓치는 사람들을 목격할 수 있는데 이는 기회가 갖는 위장의 기술 때문이다.

토마스 에디슨은 기회에 관해 다음과 같은 말을 했다.

"대부분의 사람들이 기회를 놓치는 이유는 그것이 작업복을 입고 일처럼 보이기 때문이다."

그렇다. 대부분의 기회는 일이다. 그것도 작업복을 입고 일해야 하는. 난이도가 꽤나 높을 수도 있는 일이다. 어느 날 갑자기 키맨이 툭, 하고 '옛다, 매출이다' 하고 꿀단지를 던져주는 일은 웬만해서는 일어나지 않는다. 똑똑한 사람이라면 이미 눈치챘을 것이다. 지금 당신 앞에 기회가 있다고 해보자. 이 기회를 주는 사람 입장이라면 기회를 잡아 제대로 활용할 수 있는 뛰어난 인재여서 나에게만 기회를 줬을까? 그럴 리 없다. 내 눈앞에 도착한 기회는 이미 여기저기 돌다 많은 사람이 거절했거나 혹은 지금도 같은 기회를 놓고 수많은 사람이 '할지 말지'를 고민하고 있을 수도 있다. 그러니 내 앞에 놓인 기회를 '감사합니다!'하고 덥석 물지 말고 한 번쯤은 생각해봐야 한다. '이게 대체 어쩌다가 나한테까지 온 걸까?' 하고 말이다.

그렇다고 너무 오래 생각하거나 너무 신중한 나머지 기회를 놓치면 안 된다. 설령 내가 잡은 기회가 제대로 성사되지 않아도 괜찮다. 키맨의 입장에서는 어쨌든 가리지 않고 일하는 사람으로 인식될 것이다. 그러면 나중에 더 좋은 기회가 나에게 흘러 들어올 확률이 높아진다. 기회의 흐름을 내 쪽으로 트는 셈이다. 게다가 이런 실수는 나에게 더 높은 안목을 갖게 해줄 것이다. 그러니 너무 고민 말고 기회를 주는 키맨에 대한 신뢰가 없는 것이 아니라면 한두 번쯤은 그냥 받아보는 것도 방법이다.

파도를 탈 때 타이밍이 중요하듯 기회도 타이밍이 가장 중요하다. 파도가 물을 밀며 들어오는 순간에 주변에 다른 서퍼들을 보고 나만의 타이밍을 잡아야 파도를 탈 수 있다. 기회라는 것도 나에게만 오는 게 절대 아니라서 직감이든 눈치든 감각을 살려 잡아채야 한다. 서퍼들이 계속해서 파도를 타고 다시 헤엄쳐 돌아와 또 파도를 타다 보면 멋진 서핑이 완성되는 것처럼 계속해서 기회를 잡고 성공하고 실패하고를 반복해보라. 그러다 보면 어느 날 행운이 뻥하고 터져줄 수 있다.

그 순간이 오면 처음으로 두발자전거를 탔을 때처럼 '와 이 느낌이구나' 하고 알게 될 것이다. 포기하지 않은 한 그 순간이 분명 온다. 그러니 미리 축하의 말을 전한다.

"축하한다! 고생 많았다. 이제 이것을 만족할 때까지 계속하면 된다."

32

어떤 돈으로 시작할 것인가

너무도 당연하다. 창업하려면 돈이 필요하다. 아이템에 따라 금액의 크기는 다르지만 돈 자체가 필요하다는 사실만큼은 확실하다. 그러면 무슨 돈으로 창업 할까? 돈을 구하는 방법은 크게 두 가지다.

하나는 내 돈이고 다른 하나는 남의 돈이다. 자산이 자본과 부채로 이루어진 것과 같은 이치다. 내 돈은 내가 지금까지 모은 돈 또는 조만간 벌 수 있는 돈 정도다. 이 돈이 가장 건강하고 힘센 돈이다. 보통 내 돈은 내가 고생한 대가로 얻은 것이라서 더 신중하게 사용하게 된다. 같은 돈이라도 무게가 다르다.

남의 돈은 다시 두 가지로 나뉜다. 돌려줘야 하는 돈과 돌려주지 않아도 되는 돈이다. 대출금, 투자금, 지인에게 빌린 돈은 반드시 갚아야 한다. 반면 부모님께 지원 받거나 정부 등 기관의 지원사업에 선정돼 사업비를 받으면 돌려주지 않아도 된다. 말 그대로 지원금이다.

내 돈이든 남의 돈이든 상관없이 돈을 쓰면 여기에 따르는 이용료와 기회비용이 생긴다. 내 돈을 쓸 경우 그 돈을 다른 곳에 투자했을 때 생기는 기회비용이 생긴다. 보통 창업 초기에는 창업 자체를 좋은 투자처로 판단해서 별다른 생각을 하지않지만 사업에 실패하면 기회비용 생각이 크게 밀려든다. '이 돈으로 주식, 부동산, 코인을 했으면' 또는 '차라리 사업하지 말고 이 돈으로 은행 이자라도 받았더라면' 같은 생각이 드는 것이다.

남의 돈을 쓰면 내 돈을 썼을 때 발생하는 기회비용에 더해 이용료가 발생한다. 대출이라면 꼬박꼬박 이자를 내야 하고 투자라면 투자자에게 원금과 함께 수익을 얹어서 돌려줘야 할 의무가 있다. 정부지원금처럼 돌려주지 않아도 되는 돈도 사업이 망하면 국가 세금의 일부를 날렸다는 도의적 책임은 여전히 남는다.

창업 자금 중 최악의 돈이 있다. 내 자산을 담보로 남의 돈을 빌려서 사업에 투자하는 돈이다. 기존에 갖고 있던 부동산이나 금융상품을 담보로 대출받는 방법인데 이런 방식은 리스크가 터지면 개인의 삶 자체가 휘청거릴 수 있다. 따라서 가능한 한 멀리해야 한다. 앞서 말했듯 창업은 취업과 다르지 않다. 그저 하나의 직업을 만들어내는 일일 뿐이다. 이런 일에 개인의 인생씩이나 걸 이유가 없다.

어떤 돈으로 창업할지 고민하기에 앞서 창업하는 것에 얼마나 많은 돈이 필요할지 가늠해 보는 일이 사실 더 중요하다. 아이템 따라 애초에 많은 돈이 들지 않을 수도 있다. 그러니 조금만 더 깊게, 더 많이 생각하라. 분명 묘수가 나올 것이다.

당신의 부모님이 시골에서 과수원을 한다고 치자. 과수원에서 나오는 과일은 보통 지역 조합에 납품된다. 여름철 피서객들이 다니는 길목에 작은 매장을 만들어 노점상을 하기도 하지만 투입되는 노동 대비 수익이 크지 않다. 이럴 때 네이버 스마트스토어 같은 온라인 마켓을 이용해서 유통을 해볼 수 있다. 주문이 들어올 때 포장된 과일을 택배로 보내면 되는 방식이다. 그래서 재고 부담 없는 위탁판매다. 이런 창업에 돈이 얼마나 필요할까?

개인사업자 등록 비용 말고는 아예 돈이 들지 않을 수 있다. 물론 스마트스토어를 운영하면서 컴퓨터 비용이나 전기료가 있겠지만 큰 돈은 아니다. 따라서 나는 이 아이템 아니면 죽어도 안 됨!'이라는 생각이 아닌 이상 자신의 금전 사정에 맞는 아이템을 고르는 것도 좋은 창업이다.

창업에 필요한 돈이 부족할 수 있다. 상황은 개인에 따라 천차만별이지만 창업 자금을 늘릴 방법은 있다. 바로 내 돈을 늘리는 것이다. 여기서 말하는 내 돈을 늘리는 것은 직장에서 승진하고 월급을 올리라는 말이 아니다. 부가적인 수입을 만들어내라는 것이다. 바로 플랫폼노동을 통해서 말이다.

외국어를 할 줄 안다면 주말에 과외나 번역 같은 노동으로 단기적인 수입을 늘릴 수 있다. 유사한 능력이 있다면 크몽이나 숨고 같은 플랫폼을 이용해 퇴근 이후나 주말을 활용해서 추가 수입을 만들어 낼 수 있다. 파트타임 프리랜서가 되는 것이다. 정규직으로 근무하고 있지 않다면 추가적인 파트타임 일을 알아보는 것도 방법이다. 운전면허증이 있고 운전에 자신이 있다면 대리운전도 할 수 있고 별다른 특기가 없으면 배달업에 종사하면 된다. 오토바이나 자전거, 도보로도 가능한 일이라 누구나 할 수 있다. 특히 배달업은 배달 건당 수당이 생기는 능력제로 노하우를 쌓으면 생각보다 큰 수입을 벌 수 있다. 이렇게 번 돈은 너무 귀하기 때문에 그 가치가 더크다.

이것이 [날기 전까지는 달려야 한다]에서 말한, 땀 흘려 번 돈, Sweat equity다. 돈이든 지식이든 준비하는 모든 시간이 창업의 일부다. Sweat equity는 창업을 준비할 때만 활용되는 게 아니다. 실제로도 사업을 하다 보면 돈이 부족할 때가 많다. 큰돈이 부족하면 망하거나 방향을 틀어서 가겠지만 때로는 정말 얄밉게 수십만 원이나 수백만 원처럼 크지 않은 돈이 부족할 때가 있다. 보통의 경우 대표나 공동창업자들이 회사에 가수금을 넣어서 해결하는데 이마저도 여의찮을 때도 많다.

이때 반드시 기억하자. 당장에 할 수 있는 부업은 생각보다 멀지 않은 곳에 있다. 그리고 이런 일 역시 창업이다. 대표가 회사 운영을 위해 하는 부업 역시 창업의 일부일 뿐이다.

33
셀 수 없이 많을 정도의
창업지원 창구들

국가의 성장에는 환경적 요인이 중요하다. 환경적 혜택으로 세계 최강대국으로 떠오른 국가가 미국이다. 미국은 지구에서 가장 살기 좋은 중위도 지역에 있고 알래스카주는 예외로 하자, 미국 본토 중부에는 대평원이 있어서 식량 자급에 좋은 조건을 갖고 있다. 캐나다와 멕시코 외에는 국경이 맞닿은 국가가 없어서 국방에 유리하고 태평양과 대서양을 끼고 있어 바닷길도 열려 있다. 미국은 현재 세계석유 생산 1위의 국가다. 서부의 록키산맥에는 각종 광물을 비롯해 최신 첨단 기술의 핵심이라고 할 수 있는 희토류까지 매장돼 있다. 미국인들이 버릇처럼 말하는 God Bless America에 걸맞는 정말 신이 축복한 땅이다.

국가의 성장에 환경이 중요한 것처럼 창업도 마찬가지다. 아무리 완벽한 창업가 DNA를 타고났어도 창업하기 어려운 곳에 태어나 살고 있으면 창업의 기회가 오기 힘들 것이다. 다행히도 우리는 창업하기 좋은 나라에 태어나 살고 있다.

정보통신산업진흥원NIPA에서는 2016년부터 매년 해외 스타트업을 한국에 정착시키는 인바운드Inbound 프로그램인 K-Startup 그랜드 챌린지를 진행한다. 매년 대략 60개 정도의 스타트업이 한국에 들어와 수개월 동안 한국 시장에서 자신들의 사업을 검증해보며 새로운 기회를 찾는다. 이때 한국에 들어온 해외의 창업가들이 한국의 창업환경을 일컫는 피드백을 들으면 요새 말로 국뽕이 차오른다. 그만큼 우리나라의 창업환경이 좋다는 평가는 최고 수준이다.

우리나라는 온 국민이 도전적이고 정열적인 국민 의식을 갖고 있다. 세계 최고 수준의 대학 진학률도 그렇고 소프트웨어 산업이 발전하자 공식 교육 과정에 아예 코딩을 접목해 버리는 대담한 시도를 할 정도다. 이런 열정은 창업 씬에까지 좋은 영향을 미친다. 중앙정부, 지방정부, 각종 정부 기관, 사기업, 대학, 할 것 없이 창업 기업을 돕는 수많은 예산과 지원을 제공한다.

창업을 시작할 때 돈이 없다? 국가에서 그냥 준다. 투자나 대출이 아니라 국가 예산으로 그냥 지원한다. 중소벤처기업부의 주도 아래 예비창업패키지, 초기창업패키지, 창업성공패키지, 창업도약패키지 등 각종 창업 패키지를 통해 창업 기업의 시작부터 중기 성장까지 지원한다. 약 5천만 원에서 3~4억 정도까지 지원금과 창업가에게 필요한 교육, 전문가 멘토링을 정부가 제공한다. 물론 선발돼야 지원을 받을 수 있지만 또다른 정부 지원이 많아서 계속 지원할 수 있다.

이미 정부 지원금을 모두 받았거나 정부지원금을 받기 어려운 상황이라면 돈을 빌릴 수도 있다. 하지만 이때 문제가 신용과 담보다. 은행 같은 금융기관에서 돈을 빌리기 위해서는 신용 또는 보증 같은 담보가 필요하다. 하지만 막 사업을 시작한 창업가에게 신용이나 담보가 없을 확률이 많다. 이때 또 정부가 나서서 창업가를 위한 담보를 제공한다. 서울신용보증재단, 경기신용보증재단 등 각 지역 신용보증재단과 전국적 기관인 신용보증기금과 기술보증기금에서 창업가를 위해 보증을 제공한다. 이런 기관이 제시하는 조건에 부합하면 어렵지 않게 보증을 받을 수 있고 이 보증으로 은행에서 대출을 받을 수 있다. 게다가 대출 이자도 매우 저렴한 편이다.

각 지역에도 지역민들에게 창업 관련 지원을 하는 기관이 촘촘하게 있다. 권역별 창조경제혁신센터, 산업진흥원 등을 통해 세밀한

부분까지 지원한다. 그뿐인가? 각 대학에서는 창업선도대학과 창업지원단을 만들어 창업관련 전공과를 개설하고 학생창업을 돕는다. 그뿐만 아니다. 한국콘텐츠진흥원, 한국관광공사, 한국농업기술진흥원 등 우리가 보고 듣는 수많은 기관에서 창업가를 돕는 프로그램을 만들어 활성화하고 있다.

정부의 움직임에 맞춰 사기업들도 일조한다. 현대, 삼성, 롯데, SK 등 대기업에서는 스타트업과 협업을 진행할 수 있는 오픈 이노베이션Open Innovation 프로그램을 만들어 POCProop Of Concept 프로젝트를 진행하고 있다. 기업에서 투자를 집행하는 CVCCorporate Venture Capital를 조직해 투자에도 앞장선다. 그뿐만이 아니다. 사내 벤처 프로그램을 도입해 기업 내 직원들이 회사에 다니며 창업을 준비하고 분사해 나갈 수 있게 지원한다. 분사해 나갔다가 망했을 때 다시 기업으로 회귀할 기회를 주는 것은 덤이다.

대기업 외에도 각종 창업투자사VC, Venture Capital와 엑셀러레이터 등이 스타트업에 투자와 지원을 하고 그들의 성장을 돕는다. 여기에 추가로 우리나라에는 네이버나 카카오, 카페 24 그리고 각종 메이커스페이스 등 온라인과 오프라인 창업에 필요한 플랫폼 사업들이 즐비해 있어 최소한의 비용으로 창업을 하게 한다.

창업에 네트워크가 중요한데 이 또한 잘 형성돼 있다. 기업가치 1

조를 넘긴 유니콘들부터 이제 막 창업 한 초기 창업가들까지 한자리에 모여 네트워크를 다지는 코리아 스타트업 포럼부터 예비 창업가와 청년 창업가들이 모이는 청년창업 네트워크 프리즘 등 다양한 모임들이 활성화돼 있어서 혼자 창업을 고민 할 필요가 없게 해준다.

이처럼 우리는 정말 창업하기 좋은 나라에서 태어났다. 창업환경에 있어서는 세계 그 어떤 나라도 부럽지 않을 수준이다. 위에 수많은 기관을 나열했어도 미처 여기 포함되지 않은 수많은 혜택이 창업가들을 기다리고 있다. 그러니 차오르는 국뽕을 느끼며 천혜와 같은 환경에 감사하며 열심히 하면 된다. 창업환경 탓을 할 수 없으니 창업하지 않을 이유 하나가 더 없어지지 않았는가?

34

투자에 대한 이해

창업가들에게 스타트업 투자유치 관련 뉴스는 부러움의 대상이다. 투자받은 회사는 자신들의 미래 가치를 인정받았다는 생각, 빠른 스케일업으로 성장 시간을 단축할 가능성이 커졌다는 것을 자축하고 주변 사람들 역시 축하하는 분위기다. 이미 창업해서 운영 중인 대표라면 매우 부러운 일이기도 하다.

하지만 창업할 때 투자가 꼭 필요한 건 아니다. 신기술 개발이나 신약 개발 등 몇몇 하이테크 벤처기업을 제외한 비즈니스는 투자 없이도 충분히 운영할 수 있다. 물론 과열되는 마케팅 때문에 투자금을 받아 TV광고나 다양한 프로모션을 하는 스타트업들이 있지만 이런 마케팅 프로모션을 진행한 스타트업들이 모두 좋은 성과를 거두는 것도 아니다. 이것 역시 확증되지 않은 모험의 수단일 뿐이다. 오히려 과한 광고와 마케팅은 종종 대표의 성과와 업적 과시용으로 오용되기도 한다. 하지만 좋은 성과로 이어지는 투자도 있으니 투자유치를 생각하기 전에 투자의 성질을 먼저 이해해 보자.

투자는 상호 간의 거래라는 사실을 분명히 알아야 한다. 투자받는 기업, 즉 피투자사의 입장에서 투자는 돈_{자본금}을 받는 행위이고 투자하는 기업, 즉 투자사의 입장에서는 피투자사의 주식을 사는 행위다. 역으로 생각하면 투자사 입장에서는 자본금을 피투자사에 납입하는 행위이고, 피투자사 입장에서는 자사의 주식을 매각하는 행위다. 정리하면 투자는 돈의 관점에서만 보면 자본금을 얻는 것이지만 회사 관점에서 새로운 주인을 받아들이는 행위다.

이제 막 창업한 회사는 보통 주주와 임직원의 구분이 모호하다. 보통의 경우 대표는 최대주주 또는 유일한 주주면서 대표이사를 겸직하고 같이 회사를 설립한 팀멤버들은 주주이면서 임원 또는 직원인 경우가 많다. 사업 초기에는 회사의 자금 흐름이 원활할 리 없으니 많은 경우 창업팀은 노동과 노력 대비 적은 급여를 받는 경우가 허다하다. 이럴 경우 창업팀은 추후 회사가 성장했을 때 자신의 지분에 따른 주가 상승, 언제가 될지 모르지만 지분에 대한 배당을 기대할 수 있다.

하지만 투자자는 다르다. 투자자는 자본금을 투입하고 주주가 되지만 임직원이 되지 않는다. 그렇기에 창업 팀처럼 적은 임금을 받으며 희생에 가까운 노동과 노력을 회사에 제공하지 않는다. 회사에 자본금 투입 외에 크고 작은 기여를 하는 투자자도 있지만 많지 않다. 그렇기에 기존 멤버 입장에서는 같이 희생하지 않는 새로운 주주의 등장을 달갑게 보기 어려울 수 있다.

다음으로 기업에 대한 투자는 우리가 일반적으로 금융기관을 통해 진행하는 투자와 다른 성질을 갖고 있다. 일반적으로 주식에 투자할 때는 이익을 얻을 수도 있지만 손실을 볼 수도 있다. 당연하게 원금은 절대 보장받지 못한다. 하지만 비상장 회사, 즉 스타트업에 대한 투자는 다르다. 투자자를 위한 안전장치가 존재한다.

이것을 정확히 이해하려면 투자집행 주체인 벤처캐피탈창업투자사, VC을 알아야 한다. 벤처캐피탈은 펀드합자조합를 만들고 GPGeneral Partner, 업무집행조합원의 자격으로 이를 운영하며 이 펀드에 돈을 투자할 LPLimited Partner, 유한책임조합원를 모집한다. 예를 들어보자.

근로자들이 의무적으로 국민연금에 가입해 돈을 내면 이 돈으로 국민연금공단은 주식 시장 등에서 큰 손으로 투자 한다. 이때 국민연금공단은 GP, 돈을 낸 국민은 LP라고 할 수 있다. 다시 말해 펀드를 운영하는 벤처캐피탈은 본인들의 자기자본이 조금 포함되지만 남의 돈이 주를 이루는 펀드를 갖고 투자 하는 것이다.

입장을 바꿔서 생각해보자. 남의 돈으로 투자하면서 안전장치를 마련하지 않을 수 있겠는가? 그래서 스타트업에 대한 투자는 보통 우리가 코스피나 코스닥에서 주로 거래하는 보통주가 아닌 상환전환우선주RCPS: Redeemable Convertible Preference Shares로 이뤄진다. 유사시에 투자금의 상환을 요청할 수 있는 상환권과 우선주를 보통주로 전환할 수 있는 전환권이라는 두 가지 안전장치를 갖고 투자 하는 것이다. 스타트업에 투자하는 벤처캐피탈은 이렇게 본인들의 투자원금 손실 리스크를 최소화한다.

그렇다면 이런 것을 과연 투자라고 볼 수 있을까? 상환권이 있다면 투자 보다는 채권의 성질을 갖고 있다고도 볼 수 있다. 이런 논란 때문에 최근에는 상환권이 빠진 전환우선주CPS-Convertible Preference Shares로도 투자가 집행되기는 하지만 여전히 RCPS로의 투자가 더 많은 것이 현실이다. 쉬운 돈이 아니라 무서운 돈인 것이다.

투자를 한 번도 받지 않은 회사는 있어도 한 번만 투자받은 회사는 보기 어렵다. 보통 두 가지 이유 때문인데 하나는 회사 대표를 비롯한 임원들의 투자금 의존도이고 다른 하나는 투자사의 원리 때문이다.

투자를 받으면 투자금이 모두 자본금으로 현금 입금된다. 수억에서 수십억 또는 그 이상의 돈이 들어오면 회사는 이 돈을 자체적으로 이용하기 마련이다. 좁아서 미어터질 것 같던 사무실도 쾌적한 코워킹 스페이스 같은 곳으로 옮기고 뒤죽박죽이었던 사무기기도 보기 좋게 통일한다. 손가락을 빨며 버텨온 임직원의 임금도 올려 주고 경쟁사 보란 듯이 화려한 마케팅 예산을 집행하기도 한다. 예산 문제로 진행하지 못하던 프로젝트나 개발도 진행한다.

그러다 보면 많던 돈도 바닥을 보이기 마련이다. 그간의 투자로 매출과 이익이 따라왔다면 좋겠지만 때때로 트래픽만 늘기도 하고 매출은 있어도 이익으로 이어지지 못하기도 한다. 이때 회사는 또 다른 투자유치를 위해 움직인다. 투자금에 대한 의존도가 올라가는 것이다. 이런 현상이 계속해서 반복되기도 한다. 어느 순간 거대한 온라인 커머스 회사처럼 흑자 전환에 성공하는 경우도 있지만 그렇지 못한 경우도 많다.

투자사의 입장에서는 투자한 금액을 회수해야 이익을 낼 수 있다. 투자사가 10억 원을 투자했고 피투자사의 가치가 3배 올랐다. 그 돈이 30억이 되었고 목표한 금액에 도달했다고 하자. 이제 그 돈을 피투자사로부터 빼내야 실제 수익이 된다. 피투자사가 다른 회사에 매각되거나 주식 시장에 상장되는 즉 엑싯Exit이 가능하다면 다행이다. 하지만 아니라면 남은 방법은 하나밖에 없다. 투자사가 보유한 피투자사의 구주이미 발행된 주식를 매각하는 것이다. 아주 드물게 피투자사에 유보금이 많아서 자사의 주식을 투자사로부터 매입하기도 하지만 확률이 낮다. 결국 투자사는 다른 투자사를 찾아 보유 주식을 처분해야 한다. 이를 위해 피투자사가 또 다른 투자를 유치하도록 유도하는 것이다. 그리고 이런 현상은 피투자사가 엑싯을 할 때까지 반복되는 양상을 보인다.

그렇기에 한 번의 투자는 또 다른 투자를 부르는 성질이 있고 이런 상황이 반복되면 대표를 포함한 창업 멤버의 지분은 계속해서 희석될 수밖에 없다. 최종적으로는 엑싯을 맞이해 해피엔딩으로 끝나기도 하지만 반대로 대표의 지분이 너무 희석돼 버려서 그 누구도 주인이 아닌 회사가 되기도 한다. 이때는 아무도 회사에 대한 주인의식을 갖지 않는 불행이 일어나기도 한다.

다소 부정적으로 표현하기는 했지만 이런 상황들은 투자를 고려할 때 꼭 알아야 하는 투자유치의 이면이다. 투자의 대가로 내 회사의 지분을 내어주는 이상, 동업자를 들이는 것과 같다. 따라서 초기에 창업 팀을 만들 때 신중했던 것처럼 투자 역시 매우 신중하게 생각하고 진행해야 한다. 다시 말해 대부분의 창업 회사는 투자 없이도 충분히 설립 운영이 가능하다. 정부의 지원금을 받는 것도 방법이고 각종 공단, 기금, 은행을 통해 필요한 자금을 대출받는 것도 방법이다. 기본적으로 금융권이 대출해주는 금액에 대한 기대수익률^{이자}과 투자사의 투자금 기대수익률은 자릿수부터가 다르다.

마지막으로 한국과 미국에서 수백억 원 투자를 유치하며 최근 수천억 원 가치의 예비 유니콘 기업으로 성장한 글로벌 커머스 스타트업 글루업에서 투자와 스케일업 전략을 총괄하는 이계익 부대표의 투자에 대한 견해로 마무리한다.

"투자는 분명 더 큰 성장을 위한 기회가 맞지만 나와 우리 회사를 신뢰해준 투자자에게 투자금과 이익을 돌려줘야 하는 책임의 영역이 더 크다고 볼 수 있다. 만일 그럴 수 없을 것 같으면 처음부터 투자를 받으면 안 되기에, 어느 것이 맞는 선택인지 사전에 신중히 판단해야 한다. 따라서 투자를 받기 전 창업자 그리고 회사의 전체적 역량과 전략 방향에 대한 객관적 평가와 시각이 요구되는 것이다. 투자를 받는다고 회사가 잘될 거라는 착각은 금물이며 결국은 스스로 지속성 있는 자생이 가능해야만 투자가 기업과 브랜드 그리고 서비스를 향한 더 큰 성장의 마중물로서의 의미를 갖게 될 것이다. 사업을 하고 투자를 유치한다는 것은 한 번 뿐인 내 인생의 모든 신용을 담보로 하는 필사적이고 대담한 도전임을 우리는 누구보다 잘 알고 직시해야 한다."

35

돈 벌 궁리

사업 하는 이유는 딱 하나다. 돈을 벌기 위해서다.

사업으로 돈 벌 궁리를 하는 것을 창업 씬에서는 비즈니스 모델 또는 영어 약자로 BM Business Model이라고 한다. 이런 단어를 쓰지 않고 돈 벌 궁리라고 표현한 것은 돈이라는 직접적인 표현으로 사업의 이유를 강조하는 한편 궁리라는 단어를 사용하고 싶어서다.

'궁리, 사물의 이치를 깊이 연구하거나 마음속으로 이리저리 따져 깊이 생각하는 것.'

이 궁리라는 단어가 딱 들어맞는 게 세상에는 정말 다양하고 기상천외한 방법으로 돈을 버는 사람들이 많기 때문이다.

현재 직업이 있다면 학생 때를 생각해보자. 학생이던 시절, 지금 내가 하는 일을 하게 될거라고 예측했는가? 예체능처럼 오랜 시간 한길만을 걸어온 사람을 제외하면 쉽게 '예'라고 대답하기 어려울 것이다. 공무원 시험을 준비하다가 회사원이 된 사람도 있고 의사인데 일하다가 친구가 하는 고깃집에 투자했다가 대박이 나서 의사를 그만두고 고깃집 프랜차이즈를 하는 사람도 있다.

회사도 다를 게 없다. 처음에 어떻게 돈을 벌겠다는 비즈니스 모델을 아무리 촘촘하게 계산해서 짜도 실제로는 방식으로 돈을 벌지 않게 될 확률이 꽤 높다. 기존 비즈니스 모델을 완전히 대체하는 새로운 방식이 될 수도 있고 기존의 사업에서 파생된 비즈니스 모델이 공존하며 서로 돕는 방식이 될 수도 있다. 심지어는 원래의 비즈니스를 돕기 위해 만든 새로운 프로젝트가 아예 새로운 브랜드가 되기도 한다.

타이어 소비를 늘리기 위해 주변 맛집 정보를 정리해 가이드북으로 냈던 타이어 회사 미쉐린과, 사람들이 맥주를 마시며 가벼운 내기를 하게끔 세계 각지의 다양한 기록을 책으로 엮어 주류 소비량을 늘리려고 했던 맥주 회사 기네스. 한국에는 아직 미슐랭 가이드와 미쉐린 타이어가 같은 회사라는 걸 모르는 사람도 많다. 이 상황을 염려한 미쉐린 타이어에서 기존의 한글 브랜드명 미슐랭 가이드를 미쉐린 가이드로 바꿨어도 말이다.

　주변의 신생 회사들에서 볼 수 있는 케이스가 있다. 몇몇 개발자들이 모여 게임이나 앱 같은 소프트웨어를 만들려고 회사를 차린다. 좋은 소프트웨어를 만들 수 있지만 과열된 마케팅 경쟁을 이기는 것은 어려운 일이다. 원하던 매출이 발생하지 않으니 다른 방법을 찾는다. 개발력이 많으니 다른 회사의 개발 건을 외주로 받아 왔는데 갑작스런 세계적인 개발자 구인난이 닥친다. 천정부지로 오른 개발자 인건비를 아끼려는 기업들의 외주 개발이 급증하면서 매출이 폭발한다. 결국 외주 개발사로 회사 수익 모델을 변경해 성장한다.

　주식회사 투스톤Two Stone 의 이두석 대표는 성형외과의 자체 브랜드 화장품을 만들고 유통하는 일을 했다. 일에 자신감이 생기자 모은 자본을 토대로 자신의 브랜드를 만들 목적으로 창업했다. 그간의 노하우를 활용해 좋은 화장품을 만들었지만 레드오션으로 경쟁이 심한 화장품 시장에서 파이를 나눠 먹기는 좀처럼 쉬운 일이 아니었다. 중국의 화장품 수출도 코로나 물류 대란으로 어려워진 참이었다. 이 상황의 돌파구로 그는 국내 SNS 인플루언서 공동구매 시장으로 눈길을 돌렸다. 타고난 영업력과 수완으로 영향력 강한 인플루언서들과 함께 팔로워에게 공동구매를 진행한 것이다. 그러자 주변에서 투스톤을 통해 인플루언서에게 납품하고 싶어 하는 사람들이 찾아왔고 지금은 인플루언서 전문 유통 채널 회사로 입지를 굳히고 있다. 사업 타개를 위해 마련한 전략이 오히려 더 좋은 비즈니스 모델로 자리 잡게 된 것이다.

데이터를 모아 활용하기 위해 창업을 했지만 실제 매출로 이어지지는 않는 회사가 있었다. 경쟁자들이 따라올 수 없을 정도의 좋은 서비스를 만들었지만 막상 시장 수요를 찾기란 쉽지 않았다. 낙담하며 '안되겠다' 하고 사업을 접으려던 순간 회사에 인수 제안이 들어왔다. 모아 놓은 데이터를 활용할 수 있는 다른 회사가 나타난 것이다. 이렇게 순식간에 회사를 매각한 경우도 있다. 단 1원의 매출도 없이 돈을 번 것이다. 다른 창업가들처럼 회사를 운영하고 돈을 벌고 유지하는 고생 없이 엑싯Exit을 해버린 셈이니 시간 측면에서는 오히려 더 위대한 성과인 셈이다.

이렇듯 이 세상에는 버릴 비즈니스 모델이 없다. 팔려 간 상품권이 쓰이지 않아 발생하는 수익인 낙전수입도 BM이니 말이다. 그렇기에 창업 하려는 사람은 돈을 벌수 있는 방법을 끊임없이 생각해야 한다. 처음에는 말도 안 되는 방법 같아도 막상 하다 보면 기대 이상으로 잘 되는 일이 있기 마련이다.

해보기 전에는 아무것도 모른다는 사실을 명심하고 끊임없는 궁리 하며 모든 가능성을 열어둬야 한다. 특히 돈 버는 방법에 대해서는 말이다. 미쉐린과 기네스를 보라. 미쉐린 가이드와 기네스북을 만들 당시 자신들이 만든 콘텐츠가 이렇게 세계적인 표준처럼 될 것으로 상상이나 했겠는가?

36
실패 밖에 더 하겠는가?
다시 도전하면 될 일 아닌가!

〈반지의 제왕〉 같은 판타지 소설이나 게임을 보면 클래스Class 가 등장한다. 검사, 궁수, 마법사 같이 능력에 따른 직업군이 되기도 하고 때로는 오크, 엘프, 드워프와 같은 종족이 되기도 한다. 소설에서든 게임에서든 각 클래스에는 속성이 있다. 직업의 경우에는 쓰는 무기가 달라지기도 하고 종족의 경우에는 생김새나 행동, 생각 자체가 달라지기도 한다. 따라서 게임을 시작할 때 내가 플레이할 캐릭터의 클래스를 고르는 이 과정도 재미있다.

창업의 아이템을 고를 때도 마찬가지다. 어떤 아이템을 고르는지에 따라 각 아이템이 속한 클래스의 속성이 천차만별이다. 가장 대표적인 분류는 재화Good와 용역Service이다. 서비스는 워낙 종류가 다양해서 선택 폭이 거의 무한에 가깝다. 특히 이런 아이템들은 4차 산업혁명 같은 새로운 기술의 도입으로 더욱 새롭고 다양해지고 있다.

창업 아이템의 클래스에 따라 창업가가 하는 일도 많이 달라진다. 같은 산업군에 있어도 산업의 어느 부분에서 가치를 창출하는지에 따라 전혀 다른 일을 하는 것처럼 느끼기도 할 것이다. 어떤 클래스에서 어떤 일을 하는지에 따라 비즈니스 모델이 크게 다르고 매출과 영업이익률 등도 달라진다. 따라서 각 클래스에 따른 속성을 어느 정도 예측해보고 자신에게 가장 맞는 것을 선택하는 지혜가 필요하다.

4차 산업혁명까지 갈 것 없이 가장 오래되고 익숙한 농업을 생각해보자. 일단 농부가 있다. 논을 갈고 볍씨를 뿌리고 모내기하고 최종적으로 수확하는 일을 한다. 이 농부가 벼농사를 효과적으로 지을 수 있게 돕는 이들이 있다. 농기구나 농기계를 제작하는 사람들이다. 농부의 농업 지식을 올리기 위한 교육을 제공하는 컨설턴트가 있을 수 있고 비료나 물을 판매하는 이도 있다. 일손이 부족할 때 농부에게 인력을 제공하는 인력사무소도 있을 것이다.

가을이 되어 벼를 수확하면 탈곡장으로 가지고 갈 것이다. 그곳에는 탈곡기로 벼를 터는 전문가가 있을 것이다. 이렇게 생산된 쌀은 지역 조합 같은 대규모 도매상에서 지역 상표가 들어간 상품으로 변하게 된다. 이를 보관하는 일을 하는 사람이 있을 것이고 대규모 마트나 식자재 도매상에 팔리게 된다. 이때 운반하는 운송업자가 개입한다. 도매 유통상에서 농부의 쌀을 구매한 동네 마트나 쌀집도 있고 여기에서 최종적으로 소비자들이 구매한다.

이뿐만이 아니다. 쌀을 구매해서 부가 가치를 얻는 이들도 있다. 떡집을 운영하는 사람은 쌀을 사고 가공해서 떡처럼 쌀에서 파생된 상품을 만들어 소비자에게 팔기도 한다. 국내에서 수요를 찾지 못할 경우 국제무역상사와 국제물류 포워더 등을 통해 해외로 수출되기도 하고 최종적으로 소비되지 못하고 유통기한이 지나버린 쌀은 가축용 사료를 만드는 회사에 팔려서 사료가 되거나 아예 소각 또는 매장되어 버릴 수도 있다.

이 모든 과정이 다 이익이 붙는 사업이다. 어떤 부분인지에 따라 흔히 말하는 마진Margin 이 다르다. 투입되는 인력도 다르고 설비나 장비 투자도 다르다. 자, 당신이 쌀과 관련된 창업을 할 때 이 중에서 어떤 일을 할 것인가? 각 클래스의 일에 따른 속성을 고민해서 결정해야 한다.

제조업의 경우 제조를 통해 부가 가치를 만들 것이다. 하지만 막상 물건을 만들었는데 수요가 없거나 수요가 줄어 팔 수 없게 된다면 그 재고에 따른 손실 부담을 져야 한다. 재고 리스크가 있는 것이다.

서비스업의 경우 재고에 대한 부담은 없지만 고전적인 서비스업은 직원의 시간을 돈으로 교환하는 개념이다. 사람의 시간이 한정되어 있기에 아무리 수요가 높아도 서비스를 제공할 수 있는 인력의 수만큼 벌 수밖에 없다. 이런 서비스업 중 특히 교육 분야에서는 시간과 공간적인 단점을 보완하기 위해 인터넷 강의를 활용한다.

소프트웨어 개발업의 경우 생산에 대한 시간이 적게 들 수도 있지만 퍼블리싱과 같이 이를 알리고 유통하는 것에 대한 마케팅 예산이 천문학적으로 들 수도 있다.

또 최근 네이버 스마트스토어 같은 플랫폼에 따른 온라인 위탁판매업의 경우 제조나 유통처럼 재고 리스크는 없지만 그만큼 이익의 폭이 적다. 또 창업에 대한 진입장벽이 낮은 만큼 무한한 경쟁이 있어서 제대로 성장하기가 어려울 수도 있다. 어떤 것은 저자본으로 시작하는 대신 이익이 낮고 어떤 것은 투자를 많이 해야 하지만 경쟁이 없어서 고정적인 이익을 확보하게 될 수도 있다. 정말 다양하지 않은가?

이처럼 창업 아이템의 클래스에 따른 속성은 시대적 트렌드에 따라 새롭게 생기기도 하고 인터넷 같은 기술 도입으로 바뀌기도 한다. 하지만 종합적으로 보면 정말 균형이 잘 잡혀 있어서 단점이 있으면 장점도 있다. 무엇을 선택하든 결국 대동소이大同小異하다.

그러니 자신의 자본 상황이나 환경, 개인의 취향과 성격에 잘 맞는 클래스를 선택해야 한다. 직장을 통해 직간접적으로 경험해본 분야를 선택하는 것도 도움이 될 것이다. 설령 새로운 클래스를 도전한다 해도 그만큼 배움과 경험이라는 보상이 있다. 그러니 너무 두려움을 가질 필요 없이 기세 좋게 한번 해보는 것이다. 실패밖에 더 하겠는가? 다시 도전하면 될 일 아닌가!

37

신사업 VS 연쇄창업

창업이란 잘 모르는 숲길 혹은 산길을 산책하는 것과 같다. 처음 들어선 길로 한참 걷다 보면 새로운 갈림길이 나온다. 가던 방향으로 계속 갈 수도 있지만 새로 등장한 길이 예뻐 보이거나 지름길로 생각되면 방향을 틀 수도 있다. 그러다 길을 잃고 헤맬 수도 있고 경치 좋은 곳에서 휴식을 취할 수도 있다.

사업이 잘되고 안되고를 떠나 어느 정도 시점이 되면 갈림길 앞에 서게 된다. 신사업과 연쇄 창업이라는 이정표가 붙어 있는 곳이다. 갈림길이다 보니, 어느 쪽인지 선택해야 한다. 하지만 기회가 생기면 다시 내릴 수도 있으니 긴장할 필요 없다. 그리고 선택하지 않는 것 역시 선택이다. 미리 알아서 손해볼 것 없으니 한번 살펴보기로 하자.

사업을 하면서 고용을 늘리다 보면 나름의 사내 기능들이 생기게 된다. 처음에는 대표와 창업팀이 모든 일을 했어도 회사가 성장하면 다양한 특기를 지닌 직원을 고용하게 된다. 늘어나는 업무 영역에 따라 업무를 인하우스회사 내부로 처리할 것인지 또는 아웃소싱회사 외부 용역으로 처리할지를 선택한다. 산업과 아이템에 따라 차이는 있지만 회사의 모든 일을 아웃소싱할 수는 없으니 좋든 싫든, 인하우스 조직이 점차 늘게 된다.

아주 큰 규모의 회사여서 총무팀, 재무팀, 개발팀, 디자인팀 등의 인하우스 조직이 쉴 새 없이 돌아갈 수도 있지만 보통의 경우 일이 주기적으로 시즈널하게 돌아가기 마련이다. 그러다 보면 특정 팀이 비교적 여유 있는 상황에 있게 되고 이런 것들은 대표의 눈에 딱, 들어온다. 이때 '이 조직을 활용해 새로운 상품이나 서비스를 런칭해볼까?' 하는 생각이 드는 것이다. 신사업은 보통 이렇게 시작된다.

사업을 하다 보면 현재 진행 중인 아이템과 관련된 새로운 기회가 보일 수 있다. 현명한 대표라면 한 번쯤은 의심해 볼 것이다. '분명 나만 본 기회는 아닐 것 같은데' 하고. 하지만 한 분야에서 회사를 세워 대표가 됐다는 건 그 분야에서 이미 전문가다. 따라서 보이는 기회가 정말 나에게만 보이는 것일 수도 있다. '우리가 지금 하는 것에서 조금만 더 추가하면 되겠는데?'라거나 '이왕 하는 거 여기까지 추가해도 될 것 같은데?' 같은 생각이 들면 한 번쯤 신사업을 고려해 보자.

신사업은 현재 진행하는 사업과 어느 정도의 관련을 갖고 파생되는 사업이다. 현재의 아이템을 대체하거나 보완할 수 있는 경우 등이다. 현재 아이템 수명이 길지 않을 경우 신사업 진행을 통해 사업의 미래 먹거리를 준비하게 될 수도 있다. 물론 이런 것에 눈 돌리지 않고 장인 정신을 발휘해 한 가지 일에 집중할 수도 있다. 하지만 새로운 대안을 시도해 본다는 건 그 도전 자체로도 충분히 매력 넘치는 일이다.

신사업이 잘 되는 바람에 원래 진행하던 사업을 완전히 대체해 버릴 수도 있다. 이 경우를 피봇Pivot이라고 부른다. 피봇이라는 단어는 원래 스포츠 용어다. 농구에서 중심이 되는 한쪽 발을 떼지 않고 다른 발을 계속 움직이며 돌파구를 찾는 행위를 말한다. 사업에서도 원래 사업 아이템이 중심이 되고 여기서 이리저리 살피며 새로운 사업으로 돌파구를 찾는 걸 피봇이라고 부른다.

국내 최초 자동차 구독 서비스를 런칭한 트라이브가 피봇의 좋은 예다. 트라이브는 사업 초기 중고차와 신차 정보를 얻고 구매할 수도 있는 플랫폼으로 시작했다. 하지만 과도한 경쟁에서 한계를 느끼고 고객이 자동차를 구독할 수 있는 서비스로 피봇을 했다. 피봇을 성공적으로 마친 트라이브는 현재 투자유치를 이어가며 많은 고객을 확보해 계속 성장하고 있다.

그런가 하면 신사업을 진행하면서 원래의 구사업을 유지하며 상호 보완 되는 그림이 나올 수도 있다. 신사업과 구사업 간에 시너지가 생겨 둘 다 유지하는 경우다. 기존에 비해 사업을 운영하는 영역이 확장된 것으로 일종의 사업 확장이다. 가장 친근하게 느낄 수 있는 주변의 사업 확장은 〈우아한형제들〉에서 찾아볼 수 있다. 요식업 배달 O2O 서비스 〈배달의 민족〉이 배달 인프라를 활용해 편의점 배달 서비스인 B마트로 확장한 경우다.

신사업이 원래의 사업 영역에서 파생된 아이템이라면 연쇄 창업은 거의 무관한 아이디어로 진행되는 사업이다. 사업의 연관성이 없는 두 가지 아이템은 보통 대표의 단순 호기심이나 경험, 취미 등 정성적인 계기로 시작되는 경우가 많다.

농업회사법인 〈삼이오〉의 허범석 사장은 현대자동차 연구원으로 재직하다 퇴사한 후 한국 최초의 산삼 브랜드인 〈삼이오〉를 창업했다. 하지만 산삼이라는 농산물이 명절이나 어버이날, 복날 같은 특별한 날에 소비가 집중되는 정기적인 성수기 사업이었다. 허범석 사장은 현대자동차 연구원 시절부터 오래된 클래식 수입차를 관리하며 모으는 것을 좋아했다. 이때의 경험을 바탕으로 산삼사업과 무관한 또 하나의 창업을 하게 되었다. 뜻이 맞는 공동창업자를 찾아 수입차 부품 해외 직구 구매대행 서비스인 〈시드 오토파츠〉를 런칭한 것이다.

허범석 사장은 "비록 아이템 자체는 완전히 다르지만 판매 하고 관리한다는 관점에서는 꽤 닮은 사업이다. 실제로 거의 모든 사업은 70~80% 정도는 비슷한 종류의 일로 이뤄지는 것 같다. 두개의 전혀 다른 사업을 한다 해도 기존의 인프라를 활용하기 때문에 일을 두 배로 많이 하는 개념은 아니다."라고 설명했다.

이렇게 신사업 또는 연쇄 창업 기회는 생각보다 많다. 스스로 만들어 낼 수도 있어서 당장 선택할 필요는 없다. 하지만 기회가 된다면 더 많은 주사위를 던져보자. 주사위를 던지면 최소 1은 나올 것이기 때문이다.

던지지 않는다면 결과는 당연히 0일 수밖에 없다. 언제까지나.

38

계속해서 회사를 만들어 내는 것

누구나 돈 걱정 없는 인생을 꿈꾼다. 젊은 나이에 평생 쓰고도 남을 돈을 모아서 임대료나 받으면서 은퇴하고 여행이나 다니고 싶다는 소망을 가져 보지 않은 사람은 거의 없다. 하지만 실제 이루고 사는 사람은 보기 어렵다.

아무리 돈이 좋아도 돈이 창업의 목표는 될 수 있지만 인생의 목표가 되면 안 된다. 인생에는 돈보다 더 가치 있는 게 훨씬 많다. 따라서 돈이라는 목표를 위한 수단인 창업도 언제까지 계속할 수는 없다. 그렇다면 언제까지 창업할 것인가?

100km의 거리를 걸어가야 한다고 해보자. 100km면 서울 시청

을 기준으로 직선거리로 화천, 원주, 충주, 천안, 태안에 닿는 거리다. 이 거리를 한 번에 걸어갈 수 있는 사람은 매우 드물다. 그러나 모두 갈 수 있다. 10km든 5km든 나눠서 간다면.

설사 70~80km 지점에서 포기해도 이건 실패가 아니라 70~80% 정도 달성한 것이다. 마찬가지로 창업으로 얻고 싶은 게 있을 때 단계별로 쪼개서 이루다 보면 100%는 아니라도 어느 정도는 이룰 수 있다. 그리고 이걸 가능하게 하는 게 여러 사업을 동시에 또는 이어서 계속해서 해나가는 것이다. 이 방식의 이름은 컴퍼니 빌딩Company Building이다. 계속해서 회사를 만들어내는 것.

인터넷에서 컴퍼니 빌딩을 검색하면 패스트트랙아시아, 퓨처플레이 등이 등장한다. 벤처캐피탈 또는 엑셀러레이터 같은 자회사를 둔, 자본을 기반으로 하는 모델들이다. 이들은 시장 경험을 토대로 혁신적인 아이템을 선정하고 전문가 풀을 구성해 매우 진취적인 성장을 이루는 것을 목표로 한다. 이것이 본래의 컴퍼니 빌딩이지만 더 작게 구성해서 개인 창업가가 할 수 있는 모델로 만드는 것도 가능하다.

하나의 아이템으로 창업했다고 해보자. 결과는 둘 중 하나다. 잘되거나 망하거나. 망하면 호흡과 컨디션을 가다듬은 후 다음 아이템을 찾아 다시 시도하면 된다. 잘 되면 다양한 진로가 생기지만, 크게는 두 가지다. 하나는 사업을 계속 이어가는 것이고 다른 하나는 사업을 매각하는 것이다. 세습경영 옵션은 제외하기로 하자.

사업을 계속 이어갈 때는 직접 경영하는 것과 전문경영인 또는 팀 내 공동창업자에게 대표직을 인계해 위탁 경영을 하는 것 중 선택할 수 있다. 정기적인 수입이 생긴다면 이것으로 삶의 질을 높이거나 재투자해서 또 다른 창업을 시작할 수도 있다. 그러다 사업이 더 성장하거나 반대로 하락하게 되면 그때 다시 계속할 것인지 혹은 매각할 것인지 고민할 수 있다. 운이 따라준다면 크게 성장해서 상장 같은 성과를 이룰 수도 있겠다. 이렇게 계속해서 새로운 창업에 도전하고 신사업과 연쇄 창업을 이어가는 것이다. 그러다 보면 언젠가는 목표한 곳에 다다를 수 있다.

두 번째 창업한 회사를 매각하는 것이다. 회사를 매각하는 데는 큰 운이 따라야 한다. 아무리 팔고 싶어도 매입할 수 있는 구매자가 있어야 하기 때문이다. 따라서 매각을 염두에 두고 창업할 때는 구매자 입장을 바라보고 재무 건전성을 유지하는 건강한 회사를 만들어야 한다. 요식업이나 프랜차이즈처럼 애초에 사업을 사고파는 행위 자체가 빈번한 분야에서 창업하는 것도 방법이다. 특히 요식업과 프랜차이즈에는 공인중개사라는 에이전시가 존재하기 때문에 일반 사업과는 비교도 안 되는 수의 구매자를 만날 수 있다.

최근 인건비가 거의 들어가지 않는 무인 아이스크림 판매점, 무인 문방구, 무인 스터디 카페 같은 무인 창업 아이템이 인기를 끌고 있다. 아예 시장을 분석해 무인샵을 만들고 권리비만 챙기는 전문적인 팀이 등장할 정도다. 매각을 통해 단계별 목적을 이루는 방법은 단계의 구분이 확실해서 목표 지점까지 거리가 명확하다는 장점이 있다. 하지만 사업을 매각하는 것 자체가 워낙 어려운 일이고 잘되지 않을 때는 손해를 보고 매각하게 될 수도 있다. 장점만 있다고 보기 어렵다.

이런 방식은 거대한 자본이 없이도 누구나 할 수 있는 컴퍼니 빌딩 방법이다. 크게 홈런 한 방 멋지게 쳐서 목표를 달성하는 것은 안타깝게도 영화나 드라마에 등장한다. 우리 실생활에서는 거의 일어나지 않는 일임을 명심하자.

개인 소총 사경 훈련을 할 때 미군 교관들이 자주 하는 말이 있다.
"Aim small, Miss small"

작은 목표를 겨냥해서 쏴야 목표치에서 벗어날 오차가 줄어든다는 것이다. 처음부터 큰 욕심을 내지 말자. 내가 이루고 싶은 목표와 진로를 잘게 쪼개서 하나둘씩 이루다 보면 언젠가 그 목표에 다다를 수 있다. 그렇지 못해도 생각보다 멀리 가 있을 것이다. 10점이라는 목표에서 빗나가도 9점이나 8점은 맞출 수 있다.

애초에 사람이 잡는 목표 자체가 꿈이라는 요소를 포함한다. 현실적이기보다 현실을 뛰어넘는 이상을 담고 있기 쉽다. 따라서 모두 이루지 못해도 현실적인 측면에서는 예상외로 충분할 수 있다. 창업할 때 컴퍼니 빌딩 방식을 활용해 보자.

39
문제를 여기저기 말하면
답이 돌아온다

2022년 제주, 우리나라 창업가 네트워크 중 가장 대표적인 코리아 스타트업 포럼 워크샵에서 있던 일이다. 포럼의 3대 의장이자 쏘카의 창업가인 박재욱 대표가 얼어붙은 투자 시장 관련된 토크 세션 후에 질의응답 시간이었다. 100명에 가까운 창업가들이 앉아 있는데 어느 대표가 질문 했다. 어느 창업투자사에서 투자 제안이 들어왔는데 해당 투자사에 대한 정보가 없다는 것이었다. 박재욱 대표는 질문을 듣더니 바로 이렇게 말했다.

"세션 끝나고 저에게 따로 투자사 이름 말씀해 주시면 제가 체크해 드리겠습니다."

질문을 한 대표의 문제가 너무도 간단하게 해결된 것이다. 수많은 투자를 유치하고 최종적으로 1조에 가까운 시가총액으로 코스피 상장 경험이 있는 박재욱 대표의 입장에서는 창업투자사에 대한 레퍼런스 체크 정도는 어려운 일이 아니었기 때문이다.

이처럼 창업을 할 때는 문제를 생각보다 너무 쉽게 해결할 수 있는 일종의 치트키Cheat Key가 존재한다. 아무리 머리를 싸매고 끙끙 앓아도 해결되지 않던 문제를 누군가 아무렇지 않게 해결해 주는 것이다.

무엇을 아는지Know How보다 누구를 아는지Know Who가 더 중요한 시대라고 한다. 갈수록 방대해지는 정보와 지식 중에서 나에게 정말 필요한 걸 골라내는 것은 쉽지 않다. 인터넷이 발전해 세상 거의 모든 정보와 지식을 저장할 수 있는 특이점Singularity이 온다고 해도 사람들이 갖고 있는 네트워크와 친분 같은 데이터를 모두 프로그램화하는 것은 불가능하다. 그러니 우리는 지금도 그때도 사람과 사람이 모여 만드는 집단지성을 통해 문제를 해결해야 한다.

네트워킹으로 얻은 인맥으로 기회의 문을 여는 열쇠를 얻는 것도 가능하지만 위에서 처럼 갖고 있는 문제에 대한 직간접적인 해결도 가능하다. 아무리 열심히 공부하고 수많은 경험을 쌓는다 해도 모든 걸 다하기 어렵다. 그러니 노력으로 배울 수 없는 것들은 남을 통해서 배우면 된다. 쌓지 못한 지식과 해보지 못한 경험을 이미 해본 사람들로부터 배우는 것이다.

이런 일을 가장 효과적으로 하는 방법이 있을까? 그것은 지금 겪고 있는 문제를 알리는 것이다. 네트워킹을 통해 대화하는 것이 스무고개 같은 게임이 아니니 직설적으로 자신이 겪고 있는 문제를 나눠야 한다.

문제는 이게 잘 안된다는 것이다. 사람들은 생각보다 자신의 문제를 솔직하게 남과 나누지 않는다. 실제로 많은 창업가들이 어려운 상황에서도 "괜찮다"고 말한다. 실제로는 괜찮치 않으면서 말이다. 뭐랄까, 일종의 자존심일 수도 있다. 하지만 생각보다 사람들은 내 문제에 관심이 많고 아무런 대가 없이도 도와주려고 한다.

창업 해본 사람이라면 매우 높은 확률로 내가 지금 겪는 문제와 유사한 것들을 이미 겪었거나 겪고 있거나 겪을 예정이다. 따라서 그들에게 문제 해결에 대한 도움을 청하는 것은 번지수를 제대로 찾은 방법이다. 이보다 더 좋은 방법은 없다고도 할 수 있다.

사람들 앞에서 문제를 털어놓기만 해도 오지랖 넓은 사람은 자신의 지식이나 경험, 인맥을 뽐내기 위해서라도 도와준다. 술자리 중에서 이야기를 꺼내면 갑자기 전화를 들고 어디론가 전화해 단박에 문제를 해결해 버리거나 해결할 수 있게 돕기도 한다. 갑자기 하늘에서 웬 동아줄이 내려오나 싶겠지만 도움을 주는 게 그들의 낙일 수도 있다. 그러니 상대를 치켜세우며 감사를 표하고 일이 잘 해결되면 인사하면 된다. 반대로 진중한 성격을 가진 사람은 진지하게 고민하며 내 문제를 대해 같이 고민해줄 것이다. 그리고 자신의 지식을 동원해 문제에 색다른 시야와 해석을 제공해 줄지 모른다.

어느 쪽이든 좋다. 그러니 너무 깊게 생각하지 말고 편하게 갖고 있는 문제를 여기저기 털어놔 보자. 비굴해질 필요도 빚진다고 생각할 필요도 없다. 나중에 웬만한 문제에 답을 줄 수 있는 수준이 되면 그렇지 못한 이들을 도우면 되는 것이다.

네트워크를 통한 창업의 치트키 활용은 네이버 지식인 같은 나만의 고문단을 만드는 것이다. 이미 창업을 한 업계 선배일 수도 있고 방대한 지식을 자랑하는 대학의 교수나 현직에서 산전수전 모두 겪은 산업 전문가가 될 수도 있다. 그러니 주저하지 말고 창업의 치트키를 써보자. 한 달 동안 고민할 문제가 5분도 안돼서 해결될 수도 있다. 『톰소여의 모험』과 『허클베리핀의 모험』을 쓴 베스트셀러 작가 마크 트웨인이 한 말이다.

"질문을 하는 사람은 5분 동안만 바보가 되겠지만 질문을 하지 않는 사람은 평생 바보로 남는다."

40
대표로 있는 동안
지속해야 될 일

숨도 쉬지 않고 밥을 먹지도 않고 살아있지도 않지만 착하다고 칭찬도 받고 나쁘다고 욕도 듣는 사람이 있다. 바로 회사다. 상행위를 비롯한 영리 행위를 목적으로 하는 법인法人, 회사.

법인, 즉 법이 인정한 사람이다. 조금 의아할 수도 있겠지만 예를 들어보자. 우리는 사람이나 동물에 인격 형용사를 사용한다. '착하다, 나쁘다, 선하다, 악하다' 등. 이런 형용사를 사물에는 사용하지 않는다. 좋은 기계는 있어도 착한 기계는 없는 것처럼 좋지 않은 음식은 있어도 악한 음식은 없는 것처럼.

한번 생각해보자. 회사를 말할 때 종종 인격 형용사를 사용한다.

'착한 회사' '나쁜 회사' 같이 법인을 하나의 인격체로 인정하며 이야기 한다. 창업으로 만든 사업체를 회사라고도 하고 법인이라고도 한다. 물론 개인사업자를 만드는 사람도 있지만 창업에서는 법인法人이 더 대표적이다.

그렇다면 법인은 무엇인가? 말 그대로 법에 의해 권리와 의무의 주체로 자격을 부여받은 사람이다. 즉 법인은 자연인일반 사람으로는 목적을 달성하기 어려운 사업을 수행하게 하려고 사람들의 모임이나 특정한 재산에 자연인에 유사한 법률관계의 주체로 지위를 인정한 것이다.

1인 법인도 있지만 법인에는 보통 2인 이상의 사람이 속해 있다. 여러 사람과 재산이 속해 있는 법인은 법적으로 사람과 같은 주체로 대우받는다. 하지만 실제로 걷고 회의하며 돌아다닐 수 없으니 법인을 대리하는 진짜 사람이 필요하다. 이 역할을 맡은 사람이 바로 대표다. 2000년대까지만 해도 사장이라는 호칭을 많이 썼지만 법인의 리더 역할을 하는 이사회를 대표한다는 의미에서 대표이사라는 표현이 더 적합하다. 그래서 지금은 대표라는 호칭을 더 많이 쓴다. 대표는 법인을 대표하는 사람이자, 그 법인의 눈, 코, 입, 귀가 되어 소통하고 법인이 대내외적으로 갖는 다양한 관계를 관리한다. 이게 대표의 일이다.

법인의 대표가 하는 일은 정말 많다. 특히 본인이 창업한 법인이라면 시작부터 거의 모든 일에 관여돼 있다. 하지만 그중에서도 대표가 특별히 해야 하는 일이 있다. 대표만이 할 수 있는 일은 아니지만 대표가 특히 신경을 쓰고 관심을 갖고 관리해야 한다.

4R, 하나의 자원Resource과 세 가지 관계Relations를 일컫는 용어다. 첫 번째는 인적 자원HR: Human Resource이다. 모든 일은 사람으로부터 시작한다. 돛단배 정도면 모를까, 큰 배를 움직이기 위해서는 선원이 필요하다. 선장 혼자서 할 수 있는 일이 아니기 때문이다. 마찬가지로 법인을 운영하기 위해서는 임원과 직원들이 필수로 있어야 한다. 그리고 이들을 가장 중히 여기고 관리 하는 것이 대표다.

제갈공명을 영입하기 위해 삼고초려三顧草廬했던 유비를 봐도 알지만 리더는 중요한 인재를 영입하기 위해 노력을 아끼지 않아야 한다. 영입뿐만 아니라 합당한 대우와 복지, 나아가서는 더 좋은 업무 효율로 실력 발휘할 수 있는 분위기와 조직문화를 제공해야 한다.

두 번째는 재무적 관계IR: Investor Relations이다. IR이란 단어는 큰 기업에서는 주주 관리 등 주식과 채권 투자자에 대한 커뮤니케이션 활동의 의미로 쓰이고 스타트업 씬에서는 투자를 유치하는 행위라는 의미로 쓰인다. 하지만 대표 역할의 IR은 이를 포함해 회사의 자산과 투자가 만들어내는 모든 관계를 의미한다.

그렇기에 사채, 투자, 대출, 가수금 등 모든 종류의 돈이 막힘없는 흐름으로 재무 건전성을 유지하게 하고 계속해서 사업을 영위해 나갈 수 있도록 지속가능성을 관리해야 한다. 재무관리를 담당하는 직원이 있다 해도 대표 처럼 앞을 내다보고 여러 가능성을 타진해서 계획하기 어렵다. 재무 담당자들은 수많은 계정의 돈들이 오가는 가운데 한 달, 한해 마감하고 숫자를 맞추기 바쁘다. 거기에 비전을 계획하는 것까지 바라기는 힘들다. 따라서 대표가 직접 숫자를 파악하고 이를 기반으로 투자유치, 사내재투자, 외부 투자, 영업 외 투자 등 계획과 이와 관련된 이들과의 관계까지 관리해야 한다.

세 번째는 대중과의 관계PR: Public Relations다. 대중과의 관계는 영업 차원에서의 마케팅이나 브랜딩과는 차이가 있다. 마케팅과 브랜딩은 영업을 목적으로 매출을 올리기 위한 수단이지만 대중과의 관계를 관리하는 것은 회사의 명성을 만드는 일에 가깝다. 언론이나 소셜 미디어를 통해 이뤄지는 경우가 많은데 이때 미디어의 공중 효과를 볼 수 있다. 예를 들어보자.

취준생 시절로 돌아가 입사 지원서를 내기 위해서 공고를 낸 회사를 인터넷에서 검색해볼 것이다. 회사의 홈페이지에 들어가 볼 수도 있고 회사와 관련된 뉴스나 블로그, 카페 글 등 다양한 콘텐츠를 살펴본다. 그런데 검색해본 회사가 홈페이지 외에 아무런 검색 결과도 없다면 어떨까? 당연히 불안할 것이고 입사 지원을 꺼리게 될 것이다.

이처럼 대중과 신뢰 중심의 관계를 위해 사회에서 내 회사 입지를 다지고 뉴스처럼 공중된 정보를 만들어야 한다. 홍보 업무를 담당하는 직원이 어느 정도 관리하겠지만 정말 큰 회사가 아닌 이상 대표가 전방에 서서 얼굴도 알리고 회사도 알리면서 자연스레 이끄는 것이 더 효과적이다.

네 번째는 인간관계Human Relations다. 앞에서 사람을 통해 문을 열 수 있는 열쇠를 얻을 수도 있고 고통스러운 고민을 해결할 수도 있다고 했다. 그런데 사람을 통해서 얻을 수 있는 것은 이뿐만이 아니다. 대표는 기본적으로 영업직이다. 회사를 알리고 회사의 제품과 서비스를 판매하는 일을 총괄하는 책임을 지기 때문이다. 영업을 담당하는 직원이 있다 해도 회사의 큰 계약을 만들고 성사하는 일은 언제나 대표의 일이다.

이런 일은 사람 사이 인간관계로 이룰 수 있다. 영업직원이 한 명의 고객을 만나면 하나의 제품을 팔지만 대표가 하나의 단체나 기관의 장을 만나면 수십 개, 수백 개의 제품이 한번에 팔릴 수 있다. 대표는 자신이 언제나 영업의 최전방에 있다는 사실을 언제나 인지해야 한다. 다양하게 사람들을 만나고 사람들 속에서 항상 기회를 포착할 준비를 해야 한다.

기원전 517년 공자가 제나라로 갔을 때 제나라의 임금인 제경공이 정치에 대해 물었다. 공자의 대답은 간단했다.

'군군君君, 신신臣臣, 부부父父, 자자子子.'

'임금은 임금답고 신하는 신하답고 아버지는 아버지답고 아들은 아들다운 것입니다.' 공자의 말처럼 나라가 제대로 되려면 상하를 막론하고 각자 위치에서 그 위치에 맞는 일을 해야 한다. 회사도 마찬가지다. 각자의 위치에서 각자 맡은 업무를 하되 대표라면 대표가 해야 할 일을 반드시 하는 것. 인력 관리, 재무관리, 대중과의 관계 관리, 대표로서의 인간관계, 즉 4R만큼은 아무리 많은 일이 빗발쳐도 절대 게을리하지 말아야 한다. 나중에 여유가 생겨도 이것만큼은 절대 놓지 말아야 한다. 대표는 회사 제일 앞에 서 있는 회사의 얼굴이다.

CHAPTER 4

무엇이 필요한가

41

대박은 고사하고 생존 할 수 있는
전략을 짜는 일이 창업이다

뉴스를 보면 세상에는 대박 난 사람들이 왜 이렇게 많은지!

임상 실험에 통과하고 신약 개발에 성공해 순식간에 큰 회사로 성장한 곳도 있고 수많은 유저 트래픽을 모아 엄청난 매출을 찍으며 수천억 원의 투자금을 유치하기도 하고, 사람들이 줄지어 먹는 맛집 프랜차이즈로 성공하기도 한다. 반면 망하는 사람의 이야기는 별로 없다. 당사자가 분신이나 투신 같은 극단적인 선택으로 뉴스거리가 되지 않는 이상, 망한 이야기는 미디어의 조명을 받기 어렵다.

그래서일까? 사람들은 창업을 준비하면서 모두 대박을 꿈꾼다. 물론 꿈에는 한계가 없고 또 그렇게 되지 말란 법도 없다. 그러니 문제는 아니다. 하지만 창업을 계획할 때 이런 생각이 종종 문제를 일으킨다. 숫자로 보는 지표들을 과소평가하고 자신의 계획에 아무런 근거 없는 비약을 포함하는 실수를 하는 것이다. 특히 이용자 증가 추이나 월별 또는 연도별 성장률 같은 미래 성과에 대해 기적의 숫자를 넣어놓고 이미 이룬 것처럼 생각한다.

예를 들어 A 회사가 창업 후 애플리케이션 서비스를 시작했고 이후 2년 동안 사용자가 매달 약 2배씩 증가했다고 하자. 비즈니스 모델이 제대로 활성화됐다면 애플리케이션 서비스에서 이용자 증가는 매출 증가로 이어진다. 이용자와 매출이 매달 두 배 성장했다면 이것은 대박이다. 대박인 만큼 뉴스에 나오고 사람들이 이 뉴스를 본다. "뭐, 열심히 했네" 정도로 대충 본다. 그리고 내가 애플리케이션 서비스 창업을 하면 그때 이 A 회사의 이용자 추이가 떠오른다. 그 추이를 자신의 사업계획서에 넣고 이 장밋빛 수치를 믿어버린다. 이용자와 매출이 매달 두 배씩 성장하는 그 어려운 일이 쉽게 여겨지는 것이다. 이것이야말로 진짜 심각한 문제다.

게다가 이런 착각은 스스로 인식하기도 어렵다. 대화 속에서 아무렇지도 않게 지나가는 부분이라서 "이때쯤이면 이용자가 5만 명 정도는 될 것이기 때문에 이때부터 본격적인 배너 광고를 가동할 계획입니다."라는 식이다. 달성하기 무척 어려운 숫자를 넣고 그것이 얼마나 대단한 숫자인지 인식도 하지 못한다.

미디어에서 접하는 숫자는 우리가 생각하는 것보다 훨씬 크다. 우리나라를 기준으로 유튜브에서 100만 구독자가 되면 초대형 유튜버로 인식된다. 그리고 이미 수십 명이 100만 유튜버로 활동 중이다. 그래서인지 1~2만 정도의 구독자를 보유한 유튜버는 아이처럼 취급받는다. 하지만 생각 해보자. 살면서 1만 명의 사람을 만나봤는가? 당장 핸드폰 연락처 수나 카카오톡 친구 수를 봐도 보통 1천명 정도, 많아도 2~3천 명을 넘기기 어렵다.

고양시, 용인시, 창원시 정도 도시 인구가 100만 명 조금 넘는다. 100만 유튜버는 이런 시 전체 인구를 자신의 구독자로 보유한 셈이고 이건 엄청난 숫자다. 이들이 구독자들에게 전달하는 메시지는 거의 시청 급에 맞먹는다고 해도 과언이 아니다. 그러니 미디어를 통해 접하는 숫자들을 쉽게 생각하면 안 된다. 대단한 숫자여서 뉴스가 된 것이므로 이걸 목표로 삼는 건 다소 무모하고 때론 위험한 일이 될 수도 있다.

행운이 누구에게는 일생일대의 기회로 다가올 수 있지만 누구에게는 도무지 잡을 수 없는 구름처럼 지나갈 수도 있다. 학생 때 나와 비슷하게 공부한 친구가 시험에서 더 높은 점수를 받았다고 하자. 같은 시간, 같은 집중력, 같은 기억력으로 공부했다고 해도 시험 점

수는 다르다. 시험 운이 있기 때문이다. 공부한 내용 전체를 서술하는 시험이 아닌 이상 시험문제는 시험 범위 내에서 무작위로 나온다. 따라서 내가 더 많이 공부한 부분이나 기억하고 있는 지식에서 문제가 나오면 맞추고 그렇지 못하면 틀린다. 요컨대 내 점수가 더 낮은 것은 노력이 부족했기 때문일 수도 있지만 운이 따르지 않았기 때문일 수도 있다.

그러니 행운이 따르지 않아도 괜찮을 창업 계획을 세워야 한다. 베넥 밀러 감독의 영화 〈머니볼Money ball, 2011년〉처럼 말이다. 이 영화는 실화를 바탕으로 만들어졌다. 주인공 브래드 피트는 야구팀의 헤드헌팅을 담당인데 재정이 좋지 않아서 몸값 높은 스타 플레이어들을 영입할 수 없다. 그러자 1루 진루율이 높은 선수를 영입하는 전략을 썼고 결국 팀은 승리한다. 내가 타자라면 멋지게 홈런을 치고 싶지만 홈런 치는 선수만 타자가 아니다. 땅볼을 치거나, 번트를 대거나, 심지어 포볼이나 데드볼을 유인해서라도 1루에 나가는 게 더 현명할 수 있다.

창업은 스포츠가 아니다. 전국체전이나 올림픽에 나가서 메달을 따야 인정받고 성공하는 그런 종류의 일이 아니다. 창업은 전국체전은 고사하고 동네에서 10위권 안에만 들어도 충분히 성공한 것이다. 언제 행운이 올지 알 수 없지만 언젠가 찾아온다면 그때까지 살아 있어야 행운을 맞을 수 있다. 그날을 위해 너무 큰 계획과 목표를 세우지 말자. 대박 나지 않아도 살 수 있는 생존 전략, 어쩌면 그것이 가장 현명한 전략이다.

42
현혹되지 말지어다

'나는 이런 방법으로 부자가 되었습니다!'

'부자들이 아무리 바빠도 꼭 지키는 3가지 습관'

'이 공식만 따라 하면 당신도 이제 부자가 될 수 있습니다.'

유튜브 등에서 흔히 볼 수 있는 영상 제목과 썸네일이다. 자극적인 문구, 눈길을 끄는 그림이나 영상에 커다란 폰트와 색상.

이런 류의 콘텐츠를 만드는 사람들이 실제로 대단한 부를 이뤘다면 충분히 축하할 만하다. 하지만 이들이 말하는 방법론에는 의문이 생기지 않을 수 없다.

주식이나 코인 시장에서 사람들에게 '어떤 종목이 오를 것이다'라는 정보를 주고 일종의 정보 이용료를 받는 리딩Leading방이 있다. 아무런 정보 없이 이용료를 노리고 리딩방을 차리는 집단, 아니면 본인이 소유한 증권을 리딩방 회원들에게 털어내는 이른바 설거지를 하려는 사기 집단으로 판명 나는 경우가 많다. 생각해 보라. 만일 그들의 말처럼 하루 5~10% 수익이 날 종목을 알고 있다면 이 정보를 남에게 주겠는가? 가족이나 정말 친한 친구라면 모를까, 나나 당신은 그런 박애주의자가 아니다. 그런데 생판 모르는 남에게 단돈 몇만 원, 몇십만 원 정도에 저런 고급 정보를 준다는 게 말이 될까?

모든 거래는 합리적이고 합당한 선에서 이뤄져야 건강하다. 너무 비싸게 팔려고 하거나 너무 싸게 사려고 하면 이 거래는 지속되기 어렵다. 같은 이치로 내가 사려는 물건이나 정보가 너무 싼 가격이라면 당연히 의심부터 해봐야 한다.

그런 관점에서 부자가 되는 비밀 같은 자극적인 콘텐츠를 제공하는 이들을 경계해야 한다. 저들이 제시하는 방법이 정말 부자가 되는 길이라면 유튜브에서 무료로 배포할 이유가 없다. 게다가 모두에게 개방된 그 콘텐츠를 보고 모두 부자가 될 수는 없지 않은가. 자신의 프로그램을 수강했다는 사람들의 피드백을 통해 '내게 배우면 이렇게 될 수 있습니다!' 식의 홍보도 많은데 이런 식의 광고는 1990년대부터 케이블 TV를 통해 성행했던 매우 원시적인 수법에 지나지 않는다.

물론 이들 중에는 모두가 인정할 만큼 성공한 사람도 있을 것이다. 하지만 그들도 자신들의 방법으로 성공한 것이지, 성공하는 마법의 법칙 따위로 성공한 것은 아니다. 물론 그들의 생각이나 접근법 같은 정보와 지식은 배울 가치가 있지만 그 방식 그대로 따라 하는 것은 효과가 없다.

창업하고 사업이 성공하는 과정에는 많은 변수가 작용한다. 이 중에는 창업가 본인이 스스로 인지하거나 만들어 내는 변수도 있다. 하지만 이는 극히 일부분이고 대부분은 인지하지 못한 채 적용되고 흘러가기를 반복한다. 특히 사업이 성장하면서 회사 구성원이 많아지면 이들이 매주 40시간씩 어떤 일을 하는지 100% 파악하는 것은 불가능하다. 따라서 이때 발생하는 변수들은 솔직히 알 방법이 없다.

특히 창업도 일종의 투자라고 볼 수 있다는 관점에서 창업은 시대적 경제 상황에 많은 영향을 받는다. IMF 시기, 1997년 금융위기 때는 뭘 해도 쉽지 않았던 것처럼 말이다. 반대로 시장에 순풍이 부는 것도 시대 상황에 따라 다르다. 똑같은 상황이 재현되지 않는 이상, 과거 시대에 맞춘 전략 효용은 떨어질 수밖에 없다.

경제학에서 사용하는 라틴어 용어 중에 세테리스 파리부스_{Ceteris}

paribus라는 말이 있다. 경제학을 공부할 때 쓰는 기본 가정의 일종으로 '다른 모든 조건이 동일하다면'이라는 의미다. 경제라는 개념에는 수만에서 수십억의 사람이라는 변수에 기후나 전쟁 같은 거대한 자연과 시대적 변수까지 들어가 있다. 그래서 모든 변수가 같다는 가정하에 즉 세테리스 파리부스한 상황에서, 하나의 변수에 관해서만 관찰해야 학문적으로 발전시킬 수 있다. 성공에서도 마찬가지다. 세테리스 파리부스한 상황이 아니라면 성공한 이들의 방법이 나에게도 그대로 통할까?

현재 전 세계 핸드폰 시장은 양분화되어 있다. 삼성의 갤럭시와 애플의 아이폰이다.

알다시피 삼성과 애플이 걸어온 역사는 완전히 다르다. 국내에서도 마찬가지다. 유사한 가전제품을 만드는 삼성전자와 LG전자의 성장 스토리도 다르다. 결과는 같을 수 있지만 과정이 같을 수는 없다.

그러니 현혹되지 말아야 한다. 공부에는 왕도가 없다고 했다. 창업에도 꼼수나 묘수가 있을 리 없다. 당당하게 정수로 승부를 걸어야 한다. 끊임없이 공부하고 경험하고 실패하고 다시 일어나 또 도전하기를 반복하면서 스스로 체득하는 것, 그게 창업의 정수다.

결과가 같아도 과정이 다를 수 있다. 한반도의 정반대 대척점에

는 우루과이가 있다. 지구는 둥글다. 한국에서 비행기를 타고 우루
과이에 가면 이론상 동서남북 360° 어느 방향으로 가든 걸리는 시
간은 같다. 이제 나만의 항로를 찾아서 비행하자. 남극을 하늘에서
라도 구경하고 싶은 나는, 남쪽을 향해 날아가겠다. 당신의 항로는
어느 방향인가?

43

빠르게 실패하기

'실패는 실을 감는 도구일 뿐이다'

언젠가 지하철 광고판에서 본 어느 대학교의 광고문구다.

'포기는 배추를 세는 단위일 뿐' 이런 문구도 흔하다. 실패는 망하고 넘어지는 것이고 계획했던 일들이 생각과 다르게 끝나는 것이다. 포기도 마찬가지다. 무엇을 계획하다가 시작하기 전이나 끝을 보기 전에 때려치우는 것이다.

나는 위와 같은 문구들을 좋아하지 않는다. 실패와 포기가 갖는 가치를 모르고 이를 빗겨 나가려는 듯한 말장난이기 때문이다. 실패는 도전했고 끝까지 가봤다는 증표다. 포기 역시 도전을 계획했고 시작이라도 해봤다는 증표다. 이것이 실패와 포기의 가치다. 창업할 때 두려워할 것은 원하는 답을 얻을 때까지 버티지 못하는 체력이나 지구력 또는 불가항력의 상황이나 변수들이지 실패와 포기가 아니다.

창업하고 나면 많은 실패와 포기를 반복한다. 작은 것부터 창업 아이템 전체까지 말이다. 단언컨대 그래도 괜찮다. 엄청난 행운이 따르지 않는 이상 첫 번째 시도에서 성공을 바라거나 기대할 수 없다. 실패와 포기 역시 창업의 한 과정일 뿐이라고 아무렇지 않게 받아들이는 게 중요하다.

받아들이라는 건 즐기라는 말이 아니다. 현실적으로 실패와 포기가 좋을 리 없다. 배움의 기회는 될 수 있지만 실패와 포기 자체를 즐기는 건 무리다. 그러니 실패하고 포기했을 때 빠르게 회복하고 다른 도전을 하는 게 최선이다. 다행인 것은 실패에도 회복과 도전을 돕는 실패의 운동 법칙이 있다는 것이다.

학생 때 배운 뉴턴의 운동 법칙을 기억하는가? 기억나지 않을 수도 있으니 간단하게 상기해보자. 뉴턴의 운동 법칙은 물체 운동의 역학적 기본 법칙으로 제1 법칙은 관성의 법칙, 제2 법칙은 가속도의 법칙, 제3 법칙은 작용 반작용의 법칙이다. 그리고 이 법칙들이 실패에도 그대로 적용된다.

창업을 준비하면서 열심히 달려 나간다. 아직 지식과 경험이 부족하고 모든 것이 서툴러서 아마 실패하고 넘어질 것이다. 달리다가 넘어질 때 '쿵' 하고 그 자리에 주저앉으면서 넘어지는 것은 불가능하다. 제1 법칙인 관성의 법칙이 작용하기 때문이다. 움직이고 있는 물체는 계속해서 움직이려고 하는 성질 때문에 넘어지는 순간에도 달리던 방향으로 이동하면서 넘어진다. 창업에서도 마찬가지다. 실패하는 그 순간에도 관성의 법칙을 적용받아 앞으로 나아가면서 실패한다. 이런 상황에 대해서 존 크럼볼츠와 라이언 바비노는 20년간 진행된 스탠퍼드대학교의 〈인생 성장 프로젝트〉를 기반으로 쓴 책 『빠르게 실패하기』원제: Fail fast, fail often 에서 실패하면서 나아가기Failing forward 라는 표현을 쓴다.

달리는 속도가 더 빠르다고 해보자. 이 상태에서 넘어지면 더 크게 넘어질 것이다. 떼굴떼굴 몇 바퀴를 구르면서 넘어질 수도 있다. 이때 제2 법칙인 가속도 법칙이 작용한다. 물체를 세게 밀면 밀수록 더 멀리 나간다. 질량에 가속도를 곱한 값을 힘으로 얻어 나아가게 된다. 그리고 넘어질 때도 같은 힘이 적용돼 더 멀리 나가면서 떨어진다. 어느 방향으로? 바로 내가 달리던 방향으로.

그러니 노력해서 사업에 가속도가 붙어있을수록 실패해도 더 멀리 나아갈 수 있다.

실패한 나에게 힘이 남아 있다면 그 실패를 딛고 일어서서 다시 달릴 것이다. 이때 제3 법칙인 작용 반작용의 법칙이 작용한다. 실패를 딛고 일어나는 힘이 클수록 그 힘이 상호작용을 일으켜 나를 실패로부터 더 멀리, 더 빠르게 벗어날 수 있게 해준다. 덕분에 나는 전보다 더 강한 힘으로 앞으로 나갈 수 있게 된다.

미국 남동부의 아메리칸 인디언들은 나쁜 기운을 정화하고 비를 부르기 위해 레인댄스Rain dance를 춘다. 레인 댄스는 신들에게 호소하는 의식적인 춤으로 반드시 비가 오게 하는 것으로 유명하다. 우리나라에도 인디언 기우제라는 단어로 꽤 알려진 이 의식에 대해 미국의 아메리칸 인디언 작가이자 시인인 셔먼 알렉시는 말했다.

"인디언 레인 댄스가 항상 성공하는 이유는 그들이 비가 올 때까지 춤을 췄기 때문이죠."

창업도 마찬가지다. 창업 후 성공이라는 목적지에 도착할 수 있는 유일하고 현실적인 방법은 될 때까지 계속하는 것이다. 인디언의 레인댄스처럼. 하루 정도 춤추고 실망하고 포기하는 게 아니라 비가 올 때까지 춤을 추면 된다. 언젠가는 분명히 비가 올 것이다.

목적지에 가려는 사람보다 걷는 것 자체를 좋아하는 사람이 더 멀리 갈 수 있다. 목적지가 어떤 모양인지는 알아도 어디 있는지는 알 수 없으니, 실패하고 다시 일어서는 것을 아무렇지 않게 할 수 있어야 한다. 즐기지는 못해도 말이다.

그러니 당장 큰돈을 벌어 빨리 은퇴하겠다는 생각보다 넘어지더라도 '그래, 내가 넘어졌을 때 조금은 나아갔겠구나'라는 믿음을 갖자. 그리고 다시 덤덤하게 걸어 나갈 수 있기를 바라자.

44

당신의 피트인Pit in은 무엇인가?

뉘르부르크링 24시 내구레이스Nürburgring 24 Hours는 독일 아이펠 지방에 있는 뉘르부르크링 서킷에서 열리는 자동차 경주다. 뉘르부르크링 서킷은 25km가 넘는 코스, 최대 300m나 되는 고저차, 170개에 달하는 코너 등 가혹한 주행환경으로 이른바 녹색 지옥The Green Hell이라고도 불린다.

일반적인 자동차 경주는 정해진 코스를 더 빠르게 완주하는 것으로 순위가 정해지지만 24시 내구레이스는 24시간 동안 누가 더 긴 거리를 주행했는지에 따라 순위기 정해진다. 그러다 보니 속도보다 24시간 쉬지 않고 달릴 수 있는 내구성이 더 중요한 요소가 되고 완주율도 약 60% 정도에 그친다.

24시간 동안 쉬지 않고 진행되기 때문에 경주 중간에 들려서 차를 정비하는 피트인Pit in이 무척 중요하다. 주행 코스에서 옆으로 빠지는 피트 로드Pit Road를 통해 피트스톱Pit stop에 들러서 자동차 수리, 조정, 점검, 연료 보급, 타이어 교환과 드라이버 교체를 진행해야 완주할 수 있기 때문이다.

창업은 목적지까지 거리를 정해 놓고 누가 더 일찍 도착하는지 겨루는 경주가 아니다. 창업가에 따라 목적지까지의 거리가 다를 뿐 아니라 애초에 그 목적지가 어디쯤 있는지조차 알 방법이 없기 때문이다. 각자 정해진 시간 동안 어디까지 갈 수 있는지를 평가하는 것이 오히려 정확하다. 이런 점에서 내구레이스와 유사하고 창업에서도 피트인이 중요하다.

대입 수험생 3년, 남자의 경우 군 복무 2년, 대학에서 취업 준비로 짧게는 반년에서 길게는 1~2년. 우리는 이미 개인적인 즐거움이나 유희를 접어 두고 생활해본 경험이 있다. 할 수는 있지만 즐기기는 힘든 시간이었다. 창업은 보통 이보다 더 많은 시간이 걸리는 큰 프로젝트다. 운이 아주 좋으면 짧게 끝낼 수도 있지만 매우 드문 일이다. 따라서 현실적으로 롱텀 플랜Long term plan을 준비하는 것이 현명하다.

이 긴 시간 동안 모든 걸 참고 노력만 하는 건 불가능하다. 탄력성이 좋은 용수철이나 고무줄도 계속 잡아당기기만 하면 탄성을 잃고 만다. 아무리 강인한 사람이라도 계속 노력만 하다가는 목적지에 도착하기도 전에 번아웃이 돼버릴 것이다. 그러니 밸런스를 맞춰야 한다. 창업의 꿈을 안고 달리는 도중에 잠시 들러 정비도 하고 쉴 수 있는 피트스톱이 필요하다.

피트스톱은 다양한 형태로 만들 수 있다. 취미도 좋고 어떤 장소나 사람도 좋다. 어떤 종류든 쉴 수 있는 환경과 스트레스 해소, 이 두 요건을 채워줄 수 있으면 된다. 둘 다 충족되면 최고지만 하나만 충족돼도 나쁘지 않다. 이런 요건이 충족되면서 스스로 발전할 수 있다면 더할 나위 없이 좋지만 발전까지 욕심내다가 쉬지 못하고 스트레스도 풀지 못하면 피트 스톱의 가치는 떨어진다. 자칫하면 또 다른 일이 될 수 있어서 주의가 필요하다.

이런 관점에서 운동은 모든 면에서 최고의 선택이다. 하지만 땀 흘리고 운동하면서 '스트레스가 확 풀리네.'라고 느끼는 사람이 드물다는 게 문제다.

어떤 장소가 피트스톱이 될 수도 있다. 스위트홈이나 좋아하는 산책 등이다. 하지만 결혼해서 아이를 키우고 있다면 가사노동과 육아로 집에서 쉬기 힘든 게 현실이다. 혼자 살면 집에서 창업 관련된 일을 할 가능성이 크고 한 공간을 두 가지 용도로 사용하기 어려울 수 있다. 소파에 앉아 음악을 듣는 중에도 일거리 쌓인 책상이 보인다면 진정한 쉼이라고 보기 어렵다.

사람이 쉼터가 돼주고 스트레스를 풀어주는 존재가 될 수도 있다. 연인이나 친구다. 나쁘지 않은 피트스톱이기는 하지만 언제 터질지 모르는 엄청난 리스크가 있다. 친구와 다투거나 연인과의 이별 등 뜻하지 않은 부정적 변수가 발생할 수 있는 것이다. 사람은 정말 모든 변수의 근원이라고 해도 과언이 아니다.

맛있는 음식과 술도 일종의 피트스톱이 될 수 있다. 혼자 혹은 좋은 사람들과 함께 좋은 음식과 술을 음미하면서 미각적인 즐거움을 누리는 것. 이것도 휴식이고 스트레스도 해소된다. 문제는 생각보다 많은 시간과 비용이 지출될 수 있고 음주가 지나치면 오히려 건강이 나빠질 수 있다는 것이다. 또 과음으로 숙취가 남으면 다음날 퍼포먼스에 직접적인 영향을 끼치기 때문에 추천하기 어려운 방식이다.

선호도에 따라 여행이나 독서, 명상과 같은 방법도 있다. 여행은 시간과 비용, 체력이 소모되지만 새로운 장소가 주는 영감이나 업무장소에서 완전히 벗어났다는 해방감을 얻을 수 있다. 독서를 하면서 새로운 것을 배우거나 상관없던 분야를 엿보면서 새로운 가능성을 찾아볼 수도 있다. 최근에는 독서를 대체할 수 있는 유튜브가 있으니 이를 활용하는 것도 방법이다. 명상은 생각을 멈추고 복잡한 마음을 내려 놓는 기회가 될 수 있다. 거창한 명상 방법보다는 핸드폰과 컴퓨터를 잠시 멀리 두고 앉아서 호흡하는 식으로 시작해 볼 수도 있다.

누구나 나만의 스트레스 관리법 정도는 이미 갖고 있다. 그 방식이 건강에 해가 되거나 수반되는 리스크가 터졌을 때 더 큰 문제와 스트레스를 주는 게 아니라면 적극적으로 활용하면 된다.

강조하고 싶은 것은 창업에 필요한 피트인은 시간이 될 때 하는 개념이 아니라는 점이다. 살을 빼기 위해 무조건 굶는 게 위험하듯 창업도 쉴 틈 없이 일만 하는 것은 좋지 않다. 그러니 창업 동료들이여, 반드시 시간을 내어 스스로를 보살펴자. 내구레이스 완주를 위해 피트스톱에 들르는 것처럼, 거대한 고래가 한 시간 이상 바닷속을 유영하기 위해 수면 위로 올라와 깊은숨을 내뱉고 들이켜는 것처럼!

45
짜장면을 먹든 짬뽕을 먹든, 배는 부르다

점심시간 중식당에서 가장 흔한 질문과 고민은 '짜장면을 먹을까, 짬뽕을 먹을까'다.

육체 노동을 한 날은 고열량의 짜장면, 숙취가 남았거나 흐린 날은 짬뽕? 그래도 여전히 결정은 어렵다. '선택 장애, 의사 결정 장애' 같은 단어가 절로 떠오르는 난제다. 최근에는 음식을 먹거나 고르기 전에 핸드폰으로 빠르게 리뷰를 검토하는 걸 흔히 볼 수 있다. 넘치는 정보가 주는 역효과다.

선호도가 명확하고 무엇이든 망설임 없이 고르는 사람도 가끔은 의사 선택에 어려움을 겪는다. 특히 사업을 운영할 때 그런 일이 많다. 중식당 메뉴는 대부분 맛을 알아서 효용을 예측할 수 있지만 사업에서 경험해 보지 못한 이슈와 관련된 경우가 많기 때문이다. 그래서 모두 경험이 중요하다고 말하는데 사실 크고 작은 차이는 있지만 경험의 결핍은 누구에게나 발생하는 문제다.

대기업 같은 큰 조직에서는 많은 인력의 집단지성이 존재하기 때문에 시간과 자본을 투입해서 여러 경우의 수를 예측한다. 가령, '신흥 시장 중에 어디에 먼저 진출할 것인가'를 선택하기 전에 TFT Task Force Team를 조직하고 답사를 보내 사전에 시장 조사를 할 수 있다. 그 분야의 전문가를 초빙하거나 영입해서 그의 경험과 노하우를 회사로 이전시키기도 한다. 하지만 신생 창업 기업은 자원적 여유가 없다. 심지어는 문제 인식도 못하고 지나칠 정도로 바쁠 수도 있다.

하지만 다행이 문제를 인식했다면 어떤 과정으로 선택하고 대응해야 할까?

'뭐든, 큰 상관이 없다.'

이것이 답이다. '고작 이런 소리를 하려고 이야기를 꺼냈나?' 싶겠지만 이 답을 꼭 알려주고 싶었다. 내가 막 창업을 시작하고 다양한 선택 앞에서 망설이고 있을 때 누구라도 나에게 이렇게 말해주었다면! 그랬다면 나는 더 편하게 사업을 운영하고 이끌 수 있었을 것이기 때문이다. 선택지 앞에서 고민하는 것보다 그냥 해보자. 다양하게 시행해보고 결과를 분석할 때 가장 중요한 것은 질문을 바꾸는 것 뿐이다.

중식당으로 돌아가 보자. 앞서 했던 질문은 '짜장면을 먹을 것인가, 짬뽕을 먹을 것인가?'다. 아무 이상 없는 질문이다. 하지만 그 질문은 첫째 밥을 먹을 것이고, 둘째 중식당을 갈 것이며, 셋째 면류를 먹을것이라는 세 가지 전제를 갖고 있다

이 세 가지 전제는 어디서 나왔을까? 배가 고프거나 밥을 먹을 때가 됐기 때문이다. 그렇다면 한 단계 뒤로 빠져나와 질문을 바꿔볼 수 있다. '나의 허기를 어떻게 채울 것인가?' 또는 '끼니때가 되었는데 어떻게 할 것인가?'다. 이 질문에 대한 답은 '밥을 먹는다' 혹은 '굶는다' 등이다. 그렇다면 짜장면이냐 짬뽕이냐, 고민하지 않아도 치킨이나 피자, 국밥 등을 먹으면 된다. 그리고 배부르면 그만이다. 이미 배가 부른데 '피자나 치킨보다는 중식을 먹어야 했나?' 같은 고민은 중요하지 않다. 다음 끼니에 먹으면 되기 때문이다.

말하자면 문제 해결의 핵심은 짜장면이나 짬뽕이 아니라 허기를 채우는 것이다. 물론 실제 사업에서 선택을 반복하는 데는 금전적, 시간적 비용이 들지만 고민하느라 시간을 보내는 것보다는 낫다. A안과 B안 중에서 A안을 선택한 후 번복해서 B안으로 가면 A안이 별로였다는 경험이 남는다. 번복한 만큼 손해일까? 아니다. 추후 비

슷한 상황이 왔을 때 엄청난 시간을 아낄 수 있다. 이것이 바로 가장 값진 경험에 의한 배움이다. 결국은 어디로 가든 가다가 다시 돌아도 딱히 나쁜 선택이 아니다. 그러니 일단 결정하고 일을 진행하는 편이 더 현명하다.

사업 할 때 문제는 무척 다양하지만 듣도 보도 못한 문제가 생기는 경우는 드물다. 이성적이고 합리적이고 논리적인 보통의 사람이라면 상식선 안에서 대부분의 대응안을 찾을 수 있다. 어떤 선택안이 더 좋은지는 크게 고민할 필요가 없다. 물론 결과 차이는 다소 있겠지만 그 차이가 대세에 영향을 끼치는 중대사안이 아니라면 상식선에서 선택해도 상관 없다. 조금 떨어져 문제를 다시 정의하고 실행할 수 있는 선택안 중에서 그럴싸해 보이는 것을 고르면 된다. 추후 유사한 문제가 발생하면 이전 선택에 대한 만족도에 따라 그대로 진행할 것인지 또는 그때 선택하지 않았던 것을 선택할 건지, 이도 아니면 또 다른 대안을 찾을 것인지 다시 결정하면 된다.

창업을 준비하는 초기 단계 사람들은 다양한 문제 앞에서 의사 결정 장애를 보인다. 그들에게 '대충 선택해도 크게 상관없어요.'라고 말해줘도 딱히 조언 같지도 않은 조언으로만 들릴 것이다. 하지만 이들 중 매출을 발생시키고 어느 정도 궤도에 안착한 창업가들은 후에 '정말 그렇네요. 괜히 너무 깊게 고민하고 에너지 쓴 것 같아요.' 같은 피드백을 한다. 마찬가지다. 우리 모두 사소한 선택에 큰 에너지를 뺏길 필요 없다. 걸리적거리는 가지를 툭툭 쳐내듯 마음 편하게 결정하자. 결과는 크게 다르지 않다.

46
직접 움직이는 것만큼
확실한 건 없다

창업한 회사가 어느 정도 궤도에 오르면 대표가 하는 일이 줄기 마련이다. 창업을 시작할 때와 달리 여유도 생기고 그런 여유를 활용해서 대표 개인의 발전과 회사를 위한 네트워킹을 하게 될 것이다. 하지만 대표가 끝까지 직접 챙겨야 할 것은 회사에 새로운 변화를 만드는 일이다. 이 일은 대표가 직접 움직여야만 할 때가 많다.

일정 수준에 도달한 회사는 가만히 있든 일정 방향으로 움직이든 관성의 적용을 받는다. 가만히 있으면 그 자리에 계속해서 있으려고 하고 움직이고 있다면 움직이는 방향으로 계속 움직이려고 한다. 이런 관성이 갖는 힘을 대표가 아닌 직원이 깨기란 무척 어렵다.

회사라는 기차에 올라탄 직원은 변화보다 하루 일과로만 돌아가는 게 더 좋기 때문이다.

회사의 변화뿐 아니라 모든 일에서 컨트롤할 수 있는 일에 집중이 필요하다. 컨트롤할 수 없는 것은 아무리 생각해도 어쩔 수가 없다. 가만히 생각을 해보자. 내가 컨트롤할 수 있는 건 나 자신뿐이다. 그러니 나에게 집중하고 나를 움직여 원하는 것을 향해 움직임을 시작해야 한다.

새로운 사업이든, 새로운 프로젝트든, 회사의 업무 프로세스에 새로운 일과를 추가하는 일이든, 사업을 하다 보면 자주 있는 일이다. 이런 새로운 시도는 보통 직원들로부터 올라오는 바텀업Bottom up 방식보다 대표나 임원이 생각해서 업무 지시로 이어지는 탑다운Top down의 형식이 많다. 이런 새로운 시도에 확실한 근거가 있으면 좋지만 근거가 없거나 아이디어를 낸 대표에게 확실한 가설조차 없을 때가 있다.

근거와 가설이 있으면 좋겠지만 대표의 '감'이 큰 역할을 할 때가 많아서 이를 무시하는 것은 좋지 않다. 대표의 '감'은 설명이 어렵기 때문에 필요성이나 결과에 대해서도 설득하기 어렵다. 설득이 안 되면 일에 대한 동기 부여가 충분하지 않고 결과도 좋지 않을 가능성이 크다.

아무리 같은 팀이라고 해도 남은 남이다. 그러니 그들이 나를 이해하지 못하는 것에 큰 의미를 둘 필요 없다. 괜찮은 선택이었다면 이 시도와 변화가 진행되고 언젠가 가설이 검증될 것이다. 움직여서 보이면 되는 것이고 그때야 '역시 대표는 대표구나'라고 반응할 것이다.

사람들은 아무런 근거 없는 가설에서 창업이 시작되고 사업이 되고 수익을 창출하고 일자리를 제공하고 미래를 계획할 수 있다는 사실을 잘 모른다. 조직에서 대표인 나만이 아는 사실일 수도 있다. 그러니 이해하지 못하는 조직원들에게 서운할 것도 없다. 경험 해보지 못했으니 모르는 게 당연하다.

이런 상황이 생기거든 직접 움직이면 된다. 이 방법이 가장 확실하다. '내가 이런 일까지 해야 하나?'라는 생각은 마음속에 묻어두고 지휘봉을 잡고 앞장서서 움직여야 한다. 지지받지 못해도 기어코 해낸 다음 스스로를 증명하는 방법밖에 없다. 그때는 지위 역시 더욱 확고해질 것이다. 이런 경험을 통해 확고해진 지위는 추후 유사한 상황에서 더 많은 지지를 만들어내는 밑거름이 된다.

"일이 잘되길 원한다면 직접 해라" 하라.

군인이었던 프랑스 황제 나폴레옹 1세가 한 말이다. 사업가라면 이 말을 머리에 새기자. 스스로를 움직일 수 있는 기폭제 역할을 해

줄 것이다. 물론 모든 일을 대표가 하는 것은 바람직하지 않다. 하지만 일의 경중에 따라 혹은 하고 싶은 일에 지지나 공감이 따라주지 않을 때 억지로 업무 지시를 내리기보다 직접 하는 게 더 효과적이다.

47
뻔한 말이지만 정말로
위기에서 기회가 나온다

'위기는 곧 기회다.'

모르는 사람이 없는 말이다. 위기와 기회는 같은 기機 자를 쓴다. 위기危機는 '위태할 위'에 '틀 기'를, 기회機會는 '틀 기'에 '모일 회'를 쓴다. 여기에서 '기機는' 기틀, 즉 어떤 일의 가장 중요한 계기나 조건을 의미한다. 따라서 위기는 위태로울 수 있는 계기나 조건, 기회는 일의 중요한 계기나 조건이 모인 때를 말한다. 그리고 이 둘을 합한 위기회危機會가 있다.

실제로 대부분의 기회는 위기로 위장하고 등장한다. 위기를 잘 이겨내고 나면 이어서 기회가 나타나는 경우가 많다. 코로나가 시작한 2020년 초, 많은 이들이 그간 겪었던 사스나 신종플루 또는 메르스 처럼 반년 쯤이면 해결될 문제로 생각했다. 별다른 위기감도 느끼지 않았다. 하지만 코로나는 수 년 동안 깨끗하게 치료할 수 있는 치료제를 개발하지 못했다. 심지어 코로나바이러스는 끝없이 새롭게 진화하고 있다. 발생한 지 수개월이 지나자 결국 집합 금지와 영업시간 제한 같은 행정 명령이 시행됐고 수많은 업종이 버티지 못하고 무너졌다. 분명한 위기였다.

하지만 이 위기를 발판으로 새롭게 창업을 하는 사람들도 있었다. 온라인 식음료 커머스 브랜드 〈마더파머스Mother Farmers 〉는 코로나가 시작한 2020년 5월에 사업을 시작했다. 마더파머스를 설립한 윤하림 대표는 코로나가 시작되자 알고 지내던 의사를 비롯해 바이오헬스 관련 벤처캐피탈 심사역 등 바이러스에 해박한 지식을 가진 이들에게 조언을 구했다. 이로써 다음의 정보를 수집했다.

'바이러스의 유행은 치사율이 큰 요인이다. 치사율 높은 바이러스는 숙주를 빠르게 죽여 숙주가 돌아다니며 전파 하기 어렵게 만들지만 치사율이 낮은 바이러스는 숙주를 느리게 죽이거나 아예 죽이지 않아 숙주가 계속해서 이동하고 활동해 또 다른 숙주를 찾아 전염시킨다. 코로나 초기에 알려진 코로나바이러스 치사율은 1~3%로, 기존에 유행한 사스나 메르스 대비 매우 낮은 수준이다.

따라서 이는 끊임없이 우리 사회에 전파될 것이고 장기화될 것이다'

윤 대표는 이 정보를 기반으로 다음 같은 가설을 만들었다.

'SNS를 통해 사람들이 맛집 정보를 쉽게 얻고 찾아다닌다. 일종의 유행으로 몇 시간 줄 서서 기다리고 심지어 전날 가게 앞에서 밤을 새서 기다려 먹기도 한다. 하지만 코로나 유행이 장기화되면 이런 일은 어려워질 것이다. 코로나 유행이 더 심각해진다면 아예 외식 자체가 어려워질 수 있다. 그렇다면 전국 각지에 있는 맛집 음식을 집으로 배달해 먹을 수 있으면 분명 시장 반응을 끌어낼 수 있을 것이다.'

위기 속에서 기회를 발견한 것이다. 윤하림 대표는 네이버 스마트스토어를 이용해 최소한의 비용으로 창업하고 전국 맛집 메뉴를 선택해 집에서 먹을 수 있는 온라인 커머스 브랜드 〈마더파머스〉를 런칭했다. 초기에는 맛집들의 반응이 좋지 않았다. 자신들의 음식이 온라인으로 유통할 수 있는 상품으로 만들어지면 맛과 품질을 잃는다고 우려했다. 하지만 코로나 장기화로 정상적인 영업이 어려워졌고 매출 타격으로 이어졌다. 그러자 하나둘 상품을 입점시키는 맛집이 늘어났고 약 200개의 상품으로 늘어났다. 마더파머스는 런칭 첫해 매출 10억에 이어 다음 해에 30억을 달성했다. 전국 각지의 농어민, 자영업자, 소상공인과 함께 한다는 좋은 이미지도 덤으로 얻었다.

　코로나는 요식업만 타격한 것이 아니다. 요식업 못지않게 큰 타격을 입은 곳이 바로 물류 업계다. 코로나로 많은 국가가 항구와 공항 심지어 이웃 국가와 연결된 육로를 닫았고 한때 세계 물류는 마비 직전까지 갔다. 여기에 지중해와 인도양을 잇는 수에즈 운하 사고, 러시아와 우크라이나 전쟁까지 더해지면서 국제 물류 상황은 최악으로 치달았다. 특히 러시아에 대한 국제 사회 제재 정책으로 러시아와의 물류가 사실상 막혀버린 상황에서 이 위기를 기회 삼아 더 성장한 이들도 있다.

　해상, 육상, 항공을 통한 국제물류 주선업을 하는 〈나오스월드〉는 아무도 눈길 주지 않던 몽골에 집중해 물류 사업을 일으킨 회사다. 나오스월드 최호윤 대표는 강대국을 비롯한 신흥 개발 도상국 중심으로 발전하는 물류 산업에서 몽골에 집중했다. 몽골에 대한 그의 생각은 다음과 같았다.

　'몽골이 337만이라는 적은 인구와 GDP 세계 120위 수준의 국가지만 한국과 멀지 않은 곳에 있으면서 위로는 러시아, 아래로는 중국이라는 강대국과 육로로 연결된 국가다. 카자흐스탄의 동쪽에 자리 잡은 몽골은 중국의 주요 항구 도시와 대도시가 포진한 중국 동남부에 가깝다는 이점이 있다. 특히 카자흐스탄이 아시아보다는 유

럽 생활권에 가까운 것에 반해, 몽골은 극동아시아 문화권의 국가로 한국과의 유대가 좋은 편이다.'

이런 생각으로 최호윤 대표는 몽골에 두 번째로 현지 법인을 세운 한국 물류사가 되었고 최근 큰 기회를 맞았다. 코로나로 공급이 줄며 물류비가 상승했다. 물류비 상승은 다시 물류 수요 하락으로 이어졌다. 하루 앞을 알 수 없는 격변기에 러시아 물류가 사실상 완전히 막혔다. 러시아로 향하는 하늘길과 바닷길이 막혀버린 것이다.

하지만 나오스월드는 아니었다. 나오스월드는 몽골 현지에 있는 법인을 통해 한국에서 몽골로 물류를 보내고 다시 몽골에서 육로를 이용해 러시아로 이동할 수 있었다. 특히 국제 물류에서는 한 국가에서 다른 국가로 송금할 때 중개 은행을 통하는데 이 역시 러시아 전쟁에 대한 국제 사회의 제재로 막혀 있었다. 돈이 오갈 수 없으니 교역 또한 불가능한 상황이었다. 하지만 러시아와 국경을 맞대고 있는 친러시아 국가들은 상황이 달랐다. 이들은 러시아와의 친교로 중개 은행을 거치지 않고도 러시아로 송금할 수 있었기 때문이다. 이런 국제적인 물류 위기 덕분에 나오스월드는 러시아와 한국을 잇는 몇 되지 않은 물류사로 사업을 더욱 확장하며 성장할 수 있었다.

이처럼 위기는 기회를 부르는 몇 가지 특성을 갖고 있다.

첫째, 위기 상황이 되면 사회와 산업 흐름이 바뀌 새로운 틈새가

열린다. 여기서 기존에 없던 수요와 시장이 생겨 산업의 대류가 틀어지기도 한다.

둘째, 내가 힘들면 남도 힘들다. 위기 상황 속에서 위기를 넘지 못하는 이들이 생기면 나에 대한 경쟁은 저절로 줄어든다. 어떻게든 위기를 버텨낼 수만 있으면 경쟁이 낮아진 시장을 혼자 독차지할 수도 있다.

셋째, 위기는 평계를 만들어 산업과 시장 진입 장벽을 높여준다. '코로나 시국에 창업은 무슨'이라고 생각하는 사람이 많아졌고 그 시기 대부분 큰 변화를 꾀하지 않았다. 이때 움직인 사람은 위기 상황이 아닌 때보다 쉽게 시작할 수 있는 기회도 있었다.

넷째, 위기는 내게 필요한 것들의 가격을 낮춰 준다. 최근 요식업이 줄지어 폐업하면서 입지 좋은 곳의 임대료가 내려가고 일자리가 줄어 비교적 작은 연봉으로 더 좋은 인재를 고용할 기회들도 생겼다.

이 외에도 위기를 기회로 바꾼 많은 사례가 많다. 우리가 분명히 알아야 할 것은 위기가 곧 기회라는 말이 괜히 나온 말이 아니라는 점이다. 그러니 위기가 닥쳐 숨이 턱 밑까지 차올라도 절망하지 말자. 주위를 둘러보고 이 위기가 기회가 될 법한 최소한의 가능성이라도 찾자. 그 가능성이 바로 나를 성공으로 이끄는 돌파구가 돼 줄 것이다.

48
아무리 적어도 꼭 만들어야 할 것

'현금도 포트폴리오다.'

주식이나 가상화폐에 투자할 때 흔히 들을 수 있는 말이다. 증권류에 투자할 때는 현금 비중이 중요하다. 현금이 있어야 주가가 더 하락할 때 추가매수로 평균단가를 낮출 수 있기 때문이다. 주식 투자를 잘하는 사람들은 하나같이 현금 비중의 중요성을 강조한다. 실제 주식 시장의 살아있는 전설, 오마하의 현인 워렌 버핏은 투자 내역을 공개할 때 현금 비중을 함께 공개한다.

매매 가격이 하루에도 수십 퍼센트까지 움직일 수 있는 주식 시장에서는 한 개의 종목에 모든 돈을 투자하는 이른바 몰빵 투자는 현명한 선택이 아니다. 주식 투자에서 현금 비중은 미래에 다가올 지 모를 기회를 잡는 일종의 티켓 역할을 하는 셈이다.

사업도 비슷하다. 주식 투자에서 현금 비중은 사업에서 유휴 비중에 비할 수 있다. 사업도 현금 비중, 즉 사내 유보금은 무척 중요하지만 지금 말한 유휴 비중은 현금 비중이 아니라 최소한의 여유를 말한다. 사업에서 오는 기회는 자금보다 노동과 노력으로 잡아내는 경우가 더 많다. 그래서 유휴 비중이 중요하고 대표는 사업을 진행할 때 최소한의 여유인 유휴 비중을 만들어 둬야 한다.

사업에서 유휴 비중은 여유가 있을 때뿐 아니라 여유가 없을 때도 반드시 만들어야 한다. 여유가 없다는 건 일은 많은데 돈이 안 되는 상황이거나, 일 잘하는 유능한 인재가 없다는 증거다. 일이 많은데 돈이 안 되면 수익률이 더 좋은 사업을 찾아야 하고 여유가 있어야 새 사업을 찾는 일이 가능하다. 인재도 마찬가지다. 여유를 갖고 많은 사람을 만나 봐야 대표와 결이 맞는 옥석 같은 인재를 찾을 수 있다.

여유는 스쳐 가는 기회를 볼 수 있게 해주지만 옆에서 오래 있었지만 미처 인지하지 못했던 기회도 발견할 수 있게 해준다. 여유로운 시간에 비로소 제대로 된 생각을 할 수 있고 함께 있는 인재에게 아직 발현되지 않은 능력을 발견할 수도 있다. 이런 기회들은 때로 신사업 또는 연쇄 창업 아이템을 찾아내는 황금 같은 선물을 안겨 주기도 한다. 그렇다면 회사의 대표로써 유휴 비중은 어떻게 만들까?

1. 회사의 외무와 내무 담당을 따로 둔다.

회사 밖으로 다니며 다양한 사람을 만나 영업하고 투자를 유치하고 새로운 것을 배우고 그 안에서 또 새로운 기회를 찾는 역할은 보통 대표가 한다. 이럴 때는 회사 안에서 회사 살림을 챙기는 카운터 파트너이자 러닝메이트가 있으면 큰 도움이 된다. 보통은 공동창업 자들이 이 역할을 나누는 편이다.

2. 대표가 하는 일을 분산하고 분배한다.

간혹 정말 많은 일을 하는 대표가 있다. 창업 초기에는 사람이 적어서 당연하지만 회사가 성장하고 인력이 늘어나면 대표는 손에서 일을 놓을 줄도 알아야 한다. 일을 놓지 못하는 대표들은 대게 완벽주의적 성향과 사람을 잘 믿지 못하는 모습을 보인다. 명심보감에 의인막용 용인물의擬人莫用 用人勿疑라는 말이 나온다. '의심스러운 사람은 쓰지 말고 쓰는 사람은 의심하지 말라'는 뜻이다. 이런 마인드로 의심하지 말고 믿는 법을 배워야 한다. 아니면 죽을 때까지 소처럼 일하는 대표가 될 수밖에 없다.

3. 하루 중 완벽하게 비어 있는 물리적 시간을 만든다.

일을 시작하기 전 10분, 일을 마치기 전 10분 정도는 핸드폰과 컴퓨터를 켜지 않고 아무것도 하지 않는 시간이 필요하다. 아무것도 하지 않고 가만히 앉아 생각을 하는 것이다. 놓치는 것은 없는지, 옆에서 알짱대고 있어도 미처 발견하지 못한 기회는 없는지, 사업 진행의 뿌리 같은 생각 말이다. 매우 급박하게 돌아가는 사업이라면 출근 전 또는 퇴근 후라도 완벽하게 혼자 있는 시간을 갖자. 어쩌면 이 시간이 주식 시장의 현금처럼 좋은 기회를 만들어줄 것이다.

물론 막 창업해서 사업을 시작하는 단계거나 회사에 큰 문제가 생긴 상황이라면 유휴 비중 따위는 사치가 될 수도 있다. 하지만 정말 급박한 상황이 아니라면 가만히 앉아 생각하는 시간을 만들자. 번개 치고 폭풍우가 휘몰아치는 상황 속에서도 새로운 효율을 찾거나 놓치고 지나치는 것을 발견하기도 한다. 주식에서 몰빵 투자가 현명하지 못한 것처럼 사업도 마찬가지라는 걸 명심하자. 일만 보지 말고 유휴 비중으로 위기를 기회로 바꾸는 현명한 대표가 되자!

49
창업 법인에서 성패보다 중요한 것은 누가 뭐래도 사람이다

법인은 법률상으로 분명 사람이다. 하지만 직접 행동하고 일하지 못한다. 법인을 만든 대표와 공동창업팀을 포함해서 임직원들 모두는 각각의 개인들이다. 따라서 법인은 법인에 노동을 제공한 개인들에게 임금으로 합당한 보상을 제공한다. 법인의 소유주는 자본금만큼 법인을 소유한다. 전체 자본의 80%를 투자한 사람은 그 법인의 소유권을 80% 가진다. 따라서 법인은 남는 돈에 대해서 주주들에게 그들의 지분만큼 배당하면 된다. 이것이 법인이 돌아가는 기본 논리다.

하지만 생각 해보자. 주주들에게 배당금 잘 주고 직원들에게 임금만 잘 주면 법인이 승승장구하고 회사가 쑥쑥 클까? 가장 정당하고 합리적이지만 이것이 가장 효율적일까?

소유권이 없는 직원들 입장에서 생각해 보자. 성과급 대신 소량의 주식을 받아 전 직원이 소액 주주인 경우도 마찬가지다. 어차피 직원들이 가진 소액 주식은 금전적 의미가 적다. 직원들은 법인설립 때 자본금을 넣지 않아서 소유권이 없다. 하지만 회사를 위해 창의적 노동을 투입했고 이로써 성과를 만들었다. 따라서 오너십을 갖고 있다. 직원들이 같이 키운 회사기 때문이다. 게다가 뜻하지 않게 발생하는 모든 초과 근무에 완벽한 수당을 지급하는 회사는 본 적이 없으니 사실 법인은 직원에게 늘 빚을 지고 있다고 해도 과언이 아니다. 따라서 법인은 직원들에게 감사한 마음과 함께 실질적인 보상을 해야 한다.

반대로 대표와 주주 입장에서 생각해 보자. 추가 직원을 고용하는 것만큼 재직 중인 직원들이 더 높은 성과를 내는 것도 중요하다. 회사 성장에는 이끄는 리더십보다 따르는 오너십이 더 큰 효과가 있다. 하지만 직원들이 오너십을 갖게 하는 일은 매우 어렵다. 많은 회사에서 다양한 사내 교육을 진행하고 직원의 개인적 발전을 위해 각종 지원과 다양한 보상 체계를 만들지만 쉽지 않다.

이런 괴리를 해결하는 가장 좋은 방법은 '모든 것을 나누는 것'이다. 조삼모사朝三暮四 같은 생각으로 '어떻게 하면 내가 더 챙길까?' 같은 이기적인 회사가 아니라도 생각해 보면 분명 놓치고 있는 분배가 있을 것이다. 이런 것들을 찾아내서 법인에 생기는 것 중에 직원과 주주를 포함해서 지금을 만든 사람들과 함께 나누는 것이다.

법인에는 돈 외에도 다양한 유무형의 자산이 있다. 이것은 보통 기회의 형태로 존재한다. 법인이 사업적으로 알게 되는 투자 정보부터 한 명에게 집중해서 그를 알리는 언론 홍보 또는 저명한 이를 만나는 네트워킹 같은 다양한 종류의 기회들 말이다. 대개 이런 기회들은 대표나 공동창업팀 또는 고위 임원이 차지하는 경우가 많다. 이기적인 생각으로 하지 않았어도 이런 기회를 받지 못한 직원들은 소외감을 느낄 수 있다.

그러니 이런 기회도 가능하면 조직 구성원들에게 공평하게 돌아갈 수 있게 해야 한다. 투자 기회도 충분한 설명과 함께 기회를 나누고 인터뷰 기사 같은 홍보 기회 역시 나누고 저명한 사람들과 네트워킹하는 자리도 가능한 한 많은 이들에게 나누는 일이다. 이렇게 하면 직원들의 애사심과 오너십이 교육 없이도 자라고 대표의 리더십보다 강한 직원의 오너십을 만들어진다. 모든 것을 나눔으로 모든 것을 합치는 셈이 되는 것이다.

대표 눈에는 직원들 개인밖에 보이지 않겠지만 그 개인이 책임지고 있는 사람들 역시 대표와 법인의 영향을 받을 수밖에 없다. 고용계약은 직원 당사자만 체결했지만 그 직원의 가족이나 아끼는 누군가는 직원이 회사에 노동을 제공하는 이유일 수 있다.

따라서 '법인은 망해도 개인이 망할 수는 없다'고 생각해야 한다. 법인을 운영하면서 일이 잘 풀리지 않거나 최악의 상황으로 치달아도 법인을 이루는 개인에게까지 피해가 가지 않도록 해야 한다. 대표가 이런 책임 의식을 가질 때 위험한 사업에 뛰어드는 것이나 법인의 사활이 걸린 일에 앞서 더 냉정하고 현명한 판단을 내릴 수 있다.

무거운 것은 항상 낮은 곳에 있다. 지상에서든 물속에서든. 대표가 갖는 권위도 마찬가지다. 그 권위는 대부분 책임으로 이뤄져 있다. 그러니 내가 좋아하면 남도 좋고 내가 싫은 것은 남도 싫다는 것을 마음에 새기자. 모두가 좋아하는 것을 나누고 모두가 싫어하는 것을 짊어지면 모두가 대표를 좋아하게 될 것이다. 모든 공을 개인들에게 돌리고 책임을 본인이 질 줄 아는 법인으로 창업하고 키워 나가는 것은 멋진 일이다.

50

겁먹지 마라. 쫄게 없다.
그래봤자 재취업이다

회사원 시절, 마음속에는 항상 사직서가 있었다. 사직서를 박력 있게 탁, 내려놓고 우렁찬 목소리로 '그간 감사했습니다!'를 외치고 나가고 싶었다. 자그마치 6년 동안 이런 생각을 품고 출퇴근을 반복한 다음, 결국 퇴사했다.

우스운 것은 창업하고 나서도 마찬가지라는 거다. 이번에는 마음속에 사직서 대신 이력서를 만지작거리며 '이러다가 다 안 되면 다시 취업해야겠다'는 생각을 종종 하게 된다. '창업이 그다지 나쁜 스펙은 아니니, 전에 다니던 회사와 비슷한 곳에 재취업 가능하지 않을까?'라는 생각과 함께 말이다.

다시 취업하는 건 실패한 것 같아서 부끄럽지만 생각해 보면 그렇게 나쁜 일도 아니다. 따뜻한 회사 품으로 돌아가 매달 꼬박꼬박 통장에 꽂히는 월급을 받고 '이런 것까지 해줘?'라는 감탄사가 나오는 복지 혜택을 누리면서 다닐 수 있다. 적당한 경험에 어울리는 직급과 직책을 받아 신입사원 때처럼 온갖 궂은일까지 다하지 않을 것이고 야근하면 야근 수당을 받고 주말에는 일하지 않아도 된다. 퇴근 후 시간을 오롯이 나와 내 가족을 위해 쓸 수 있고 취미도 더 이상 상상 속의 용 같은 존재가 아닐 것이다. 글을 쓰다 보니 정말로 재취업이 하고 싶어진다. 큰 회사에 다닌다는 건 학생 시절 부모님과 함께 살던 느낌이다. 부모님 그늘에서 공부만 하면 되던, 딱 그 느낌.

창업자의 재취업을 이렇게까지 달콤하게 표현한 이유는 두 가지 때문이다. 첫째로 꼭 나쁘거나 부끄러운 일이 아니라는 것, 둘째로 창업하다가 실패해도 받는 패널티는 고작 재취업이라는 것이다. 이 정도면 솔직히 패널티가 아니라 리워드 아닌가?

사실이 그렇다. 창업 후에 사업이 망해도 그냥 재취업 하면 된다. 새로운 회사에 들어가서 새로운 분야의 일도 좀 해보고 새로운 사람도 만나면서 오랜만에 엄마가 해주는 집밥 먹는 기분으로 리프레시하면 된다. 그리고 퇴사하기 전 시점에서 보면 후퇴가 아니라 제자리일 뿐이다. 제자리라 해도 창업과 폐업을 해본, 어마어마한 경험을 가진 만렙의 인간으로 서 있을 것이다.

실제로 이런 부분은 기업 인사팀에서도 이해하고 있다. 인사조직은 경영자 마음으로 일하는 조직이라서 창업 경험을 가진 인재를 후하게 평가한다. 그런 까닭으로 창업에 성공하지 못하고 회사로 돌아가는 이들을 보면 이전에 있던 곳보다 더 좋은 대접을 받으며 재취업하는 걸 어렵지 않게 볼 수 있다.

탄탄한 성장 가도를 밟고 있는 스타트업에 취업하는 것 역시 좋은 선택이다. 스타트업이 실제 어떻게 성장하는지 내부자가 돼볼 수도 있고 창업 씬 자체에서 벗어난다는 생각이 들지 않아 일종의 안도감도 있다. 스타트업 관점에서도 창업 씬에서 기본 교육이 된 창업자를 들이는 것은 많은 면에서 비용 절감할 수 있는 옵션인 셈이어서 반기는 편이다. 성공하지 못했어도 창업 해본 사람이 가진 해당 산업에 대한 이해도와 네트워크는 돈 주고도 구할 수 없는 걸 잘 알기 때문이다.

물론 퇴사, 창업, 실패, 재취업, 퇴사, 창업과 같은 루트를 위한 최소한의 조건은 있다. 복구 불가능할 정도의 자기 자본 또는 갚기 어려울 정도의 남의 돈으로 창업하면 안 된다는 것이다. 투자 유치도 마찬가지다. 앞에서 다룬 것처럼 투자자는 자선사업가가 아니다. 망하면 복구 불가능한 자금으로 창업하지 않기, 이것만 지키면 가능한 루트다.

돌아간 곳에서 다시 준비하면 된다. 물론 이때도 큰 회사에서 높은 위치까지 올라 일정 기간 유지할 수 있다면 그곳에 있으면 된다. 이게 아니라면 다시 준비하면 된다. 이제는 이전과는 정말 크게 다를 것이다. 그동안의 값진 경험이 선사하는 넓은 시야로 더 많은 것을 보고 한층 깊어진 생각으로 더 많이 생각하면 된다. 천천히 준비하면 분명이 때가 올 것이고 그때 이전보다 더 힘차게 나가면 된다.

그러니 겁먹지 마라. 쫄 게 없다. 기세 좋게 박차고 나와서 한바탕 놀아보고 아니다 싶으면 돌아가면 된다. 돌아가서 준비하고 다시 박차고 나와서 두 바탕 세 바탕 놀면 된다. 그만이다. 하려다 안 돼도 시작점으로 돌아가면 그만인 것이다.

2013년 영화 〈신세계〉에서 경찰국장 역의 주진모 배우의 대사한 마디가 생각난다. "뭐, 다 죽기밖에 더 하겠습니까?"

모든 걸 거는 의미심장한 분위기에서 덤덤하게 받아들이며 내뱉은 대사다. 재취업은 끝이 아닌 또 다른 출발선일 뿐이다. 딱히 잃을 게 없다. 그런 의미에서 나도 말하고 싶다. 창업하고 실패하면,

"뭐 재취업 밖에 더 하겠습니까?"

"이것이야말로 진정한 의미의 밑져야 본전 아니겠습니까?"

CHAPTER 5

지금부터다

51
월급은 나를 안주하게
만드는 마약이다

찬바람 불고 손까지 시린 추운 겨울, 실내식물원에 가본 적 있는가? 적당한 온도와 습도, 맑은 공기, 식물 특성에 잘 맞춰지고 관리된 환경.

회사는 어느 면으로 잘 관리된 식물원과 같다. 회사는 회사를 위해 열심히 일하기를 독려하며 더 나은 환경과 혜택을 준비한다. 매달 월급을 주고 직원 복지도 회사 크기만큼 설계한다. 공부 할 수 있는 기회를 제공하거나 큰 회사라면 가족들 건강검진까지 해 준다. 회사와 제휴된 휴양소가 있으면 사용할 혜택도 주고 자녀들 학비까지 지원 해준다. 명함이 보장해주는 사회적 지위, 이것으로 얻는 은행 저금리 대출은 덤이다. 점차 합리적인 근로환경이 자리 잡고 있어서 저녁 있는 삶을 보장받고 주말은 회사 일 없이 모두 쓸 수 있다. 각종 공휴일과 연월차, 정기 휴가가 더해지면 쉬는 날도 많다.

입사 초기에는 '이런 힘든 일과 피곤한 생활을 몇 년이나 계속 해야 하지?'라는 생각도 들지만 연봉이 오르고 진급도 하면서 몇 해를 보내면 회사 생활도 할 만 해진다. 간혹 주변의 가족이나 친구, 회사 동료가 창업한다는 소식도 듣지만 마지못해 하는 것 같고 창업 후 힘들어하는 모습을 보면 회사에 있는 것에 오히려 안도감이 든다. 아직 젊고 퇴직할 나이가 한참 남아서 딱히 서둘러 준비하지 않아도 될 듯 하고 당장 갚아야 할 주택담보대출, 자동차 할부금도 있으니 창업보다는 주식이나 코인으로 재테크 하는 게 더 낫다는 생각이 든다.

누구나 할 수 있는 생각이지만 사실 이건 말 그대로 중독된 상태다. 성공한 사업가로 유튜브에서 사업을 가르치는 케빈 오리어리는 "월급은 회사가 여러분이 꿈을 잊기를 바랄 때 주는 마약이다. 왜냐하면 누군가가 당신의 위험을 덜어주면서 당신을 단지 특정한 일을 수행하는 일에 머물게 하는 일은 매우 쉬운 일이다. 당신이 하루의 3분의 1동안 그 일들을 잘 해내면 회사는 당신에게 월급이라는 먹이를 먹여줄 것이다."라고 직설했다.

사람들은 중독성 있는 무언가를 접할 때 필요하면 언제든 자신의 의지로 멈출 수 있다고 착각한다. 담배를 처음 피울 때, 도박을 처음 할 때, 마약을 처음 접할 때, 그 누구도 이것들이 자신을 해칠 걸로 생각하지 않는다. '이 정도면 충분히 컨트롤할 수 있겠는데?'라는 착각으로 시작했기 때문이다. 그러다 중독이 되면 벗어나려는 노력 대신 자신을 합리화하고 오히려 장점을 찾는 기이한 생각 패턴을 보인다. 지금 이 예들도 월급에 중독된 회사원 다수에게 적용되는 것 역시 눈치 채지 못한다. 이미 합리화 됐기 때문이다.

오리어리가 한 말에서 무서운 건 월급이 마약이라는 게 아니다. 그보다 더 무서운 사실은 누군가가 '당신의 위험을 대신 덜어준다'라는 것이다. 단순하게 생각하면 위험이 덜어진 게 좋게 해석될 수 있다. 하지만 위험의 단점만 봤을 때의 해석이다. 위험이 우리를 강하게 만든다는 사실을 모르기 때문이다.

포유류는 지상의 동물 중 가장 강한 편에 속한다. 하지만 인간은 육체적으로 강하지 않다. 한 명의 인간은 한 마리의 소, 멧돼지, 곰, 호랑이, 사자, 늑대 같은 동물보다 약하다. 인류학적으로 인간은 이런 동물로부터 자신을 지키기 위해 땀샘을 온몸에 두도록 진화했다. 체열을 제어해서 지구력을 얻었고 완벽한 직립보행에 성공해서 두 손으로 기술과 도구를 이용한 사냥 법을 익혔다. 미숙한 상태의 아기를 낳지만 보완하기 위해 집단으로 생활하면서 공동 육아 제도를 만들었다. 덕분에 많은 인간이 군집한 사회가 형성되고 결국 지구를 지배하는 종이 됐다.

인간이 강한 이유는 위험을 줄이려는 노력 끝에 생존하는 법을 터득했기 때문이다. 그러니 나를 발전시킬 수 있는 가장 큰 동기인 위험을 남의 손에 넘기는 것은 좋은 일이 아니다. 성장 가능성을 닫는 것이나 다를 바 없다. 위험을 회사가 대신해주면 위험을 아예 생각하지 않을 수도 있다. 하지만 회사는 스스로 살기 위해 언제든 직원을 해고할 수 있는 집단이다. 지금까지도 그래왔고 앞으로도 그럴 것이다. 따라서 위험을 계산하고 회피하고 그로부터 성장하려는 리스크 매니지먼트를 하지 않는 것은 언제 닥칠지 모를 위험에 무방비로 노출되는 것이다. 그래서 마약을 끊어야 하는 것이다.

마약은 순간의 즐거움을 줄 수 있지만 결국 파멸의 길로 인도한다. 이 사실에 대한 인지가 필요하다. 인지할 때 끊어내려는 노력이 생긴다. 마약을 끊고 다시 새롭게 살아가는 것은 분명 많은 고통과 힘든 과정이다. 어쩌면 실패하고 다시 돌아갈지도 모른다. 하지만 분명 끊어내는 사람들이 있다.

중독성 있는 무언가를 끊어본 경험이 있는가? 게임이나 불필요한 취미 생활, 혹은 인간관계에서 오는 것들은 많이 힘들 것 같아도 막상 끊어내면 그럭저럭 적응해서 지낼 수 있다. 그러니 한 번쯤은 월급이라는 마약을 끊어내려는 생각을 해보자. 월급이 주는 안도감에 가려진 위험, 이 위험이 주는 성장의 기회를 놓치지 않기 위해서.

52
월요병 없는 월요일
아침이 기다려지는 평일

자본론으로 잘 알려진 독일의 철학자 카를 마르크스는 그의 저서 『경제학-철학 수고』Economic and Philosophic Manuscripts에서 노동과 소외에 대해 말한다. 자본주의 사회에서 노동자가 부품 같이 취급 받는 것을 철학적 근거로 논한다. 마르크스가 말하는 소외란 노동으로 나온 결과물이 만든 사람에게서 분리돼 노동자의 주체성과 자율성이 상실되는 현상을 의미한다.

회사는 상품이나 서비스를 만들어 고객에게 판매한다. 노동자에 의해 만들어진 상품이 그의 것이 아니라 자본가의 것이 되는 것이다. 아프리카에서 생산되는 불공정 거래 커피 원두나 남미에서 생산되는 나이키 축구공 같지 않아도 회사원들은 실제로 회사에서 만든 최종 결과물에 소유권을 갖지 않는다.

생산시설을 소유하지 못한 노동자는 자본가에게 고용돼 노동을 제공한다. 취업해서 돈을 벌어야 먹고 살기 때문에 노동자의 취업은 자발적이 아니라 강제적인 것으로 해석할 수 있다. 이런 노동은 자본가의 욕구 충족을 위한 수단이 될 수 있고 이때 노동자는 생산 과정으로부터의 소외를 느낀다. 열심히 준비했으니 뽑아달라고 원서 내놓고 무슨 말이냐고 할 수도 있다. 주장하는 것은 취업 하지 못하면 생계를 유지할 수 없으니 취업을 강요당하는 셈이라는 것이다. 그 증거가 월요병이다. 스스로 원해서 출근한다면 월요병이 왜 생기겠는가? 출근은 자발적이 아니라 강요되는 것일 수 있다.

동의하지 않아도 된다. 나 역시 전적으로 동의하지는 않는다. 하지만 분명 소외감을 느꼈다. 항공모함 같은 거대한 기계의 아주 작은 부품이 된 느낌, 내가 당장 없어져도 회사는 잘 돌아간다는 느낌 말이다. 이런 느낌은 창업으로 완벽하게 해소된다. 창업은 스스로 생각하고 움직이는 삶을 살게 한다. 수동적이었던 삶이 능동적으로 변한다. 다만 더 열심히, 더 많이 일해야 하지만 고통이 아닌 즐거움이다.

내가 창업한 회사에 투입하는 나의 노동은 그 노동의 결과물과

일치한다. 열심히 한 만큼 더 벌 수 있다. 반드시 정비례하지 않지만 대체로 그런 편이다. 따라서 상품으로부터의 소외에서 벗어날 수 있다. 창업한 회사에 노동을 제공하는 행위는 자발적이기 때문에 강제성이 없다. 따라서 노동 과정으로부터의 소외 역시 해소될 수 있다. 덤으로 자발적인 노동의 즐거움도 느낄 수 있다. 출근 시간이나 등교 시간 전에 일어나 아침 운동이나 독서 할 때 오는 뿌듯함과 성취감 같은 것이다. 월요병은커녕, 월요일이 기다려지기까지 한다. 열심히 일한 만큼 결과가 나오니 열심히 일하고 싶다. 혼자서만 할 수 있는 일이 제한돼 있어서 제대로 일할 수 있는 월요일이 기다려진다. 거짓말 같다고? 창업 해보면 무슨 말인지 느낄 것이다.

회사 다닐 때는 일종의 두려움이 있었다. 흘러가는 시간이 말이다. 회사에서 수년의 시간이 흐른 뒤 과거를 돌아봤을때 '지금까지 뭘 했지?'라는 생각이 지배적이었다. 내가 원해서 들어온 회사지만 청춘을 희생한 것치고 돈 말고 얻은 게 없어 보였다. 하지만 창업하고 그런 회의감은 생기지 않는다. 흘러가는 시간과 함께 변화해 왔기 때문에 후회보다 보람이 크다. 투여된 시간은 희생이 아니라 투자고 이 투자는 물질과 정신적인 성장으로 돌아온다. 그래서 시간이 흐르는 게 두렵기보다 더 크게 성장하고 있다는 자신감이 생기는 것이다.

이 장황한 이야기를 한마디로 줄이면 이렇다.

'창업을 통해 자신의 노동에 대한 존엄을 찾았다.'

스스로 완전한 통제권을 갖고 움직이는 삶, 창업에는 이런 삶이 존재한다. 아침이 기다려지는 삶, 이 멋진 삶을 한 번쯤 누려야 하지 않을까?

53

해 봐서 알게 된다

로또 1등에 당첨될 확률은 8,145,060분의 1이다. 확률만 생각하면 로또복권을 사지 않는 편이 더 현명하다. 알면서도 우리는 가끔 로또복권을 산다. 이때 우리가 생각하는 확률은 50대50이다. 1등이 된다, 안 된다, 이 두 가지만 놓고 보는 것이다. 산술적으로 말이 안 되는 이런 계산법이 일할 때는 잘 먹히곤 한다.

로또는 총 45개의 번호 중 6개를 맞히는 것이니 정확한 확률이 나온다. 하지만 일할 때는 그런 계산이 불가능하다. 무한한 확률을 가진 각각의 개체인 사람이라는 변수가 무수히 많아서 애초에 확률을 생각하지 않는다. 대신 일하지 못할 조건만 아니면 해볼 수 있다.

그리고 이때 머리에서 돌아가는 확률은 '일이 된다'와 '안된다' 두 개로 양분돼 50대50 일 뿐이다.

창업하고 나면 '정말 일이 너무 많다'라고 생각 들 정도의 다양한 일을 하게 된다. 일반적인 회사원이 평생 해보는 일보다 수십 배 되는 느낌이다. 하지만 왠만한 일은 상식선에서 할 수 있는 일들이다. 조금 생각하거나 검색하거나 해봤을 법한 사람에게 물어보면 보통은 방법을 찾을 수 있다. 그리고 방법을 찾았다면 간단하든 복잡하든 그냥 그대로 따라 하면 된다. 마치 장난감 레고가 크든 작든 설명서를 따라 조립하면 결국 완성되는 것과 유사하다.

예를 들어 보자. 창업하고 사무실을 구한 뒤, 책상을 구매하는 상황이다.

1. 사무실에 몇 명의 인원이 들어올 생각하고 책상 개수를 정한다.

2. 사무실 크기와 구조에 따라 각 책상의 크기를 실측한다.

3. 인터넷에서 해당 크기의 책상이 어느 정도 가격인 찾아본다.

4. 가구는 오프라인 매장이 더 쌀 수 있다는 생각에 여기저기 가본다.

5. 실제 보니 책상은 비싼데 거의 비슷한 사이즈의 식탁이 오히려 저렴하다.

6. 식탁을 보려고 IKEA 같은 대형 가구 매장에 가서 이것저것 구경한다.

7. IKEA에서 사면 싸지만 직접 조립해야 한다. 차라리 인테리어업체에
   제작을 의뢰하는 것도 방법이라는 생각이 든다.
8. 위 방법 중에 가장 합리적인 방법을 선택해 진행한다.

이런 프로세스는 누구나 쉽게 생각할 수 있고 그대로 진행하면 일을 처리할 수 있다. 물론 일의 크기나 경중에 따라 프로세스가 더 길거나 복잡해도 프로세스가 정해지면 그대로 하면 일이 처리된다. 창업 하면 이와 유사한 일을 수십 가지를 하게 되고 일부는 정기적으로 반복한다. 그러다 보면 소위 말하는 짬바_{짬에서 나오는 바이브}가 생길 수밖에 없다. 그리고 이렇게 생긴 숙련도는 사업뿐 아니라 창업가 개인의 삶까지 영향을 미친다.

사람들은 어떤 일을 할까, 말까 고민하는 데 긴 시간을 쓴다. 막상 '하자'라고 결정하고도 정보 탐색이나 진행 방식 구상 등에 적지 않은 시간을 쓴다. 하지만 창업가에게는 매일 하는 일상일 뿐이다. 선택할 때도 장단을 따져보고 빠른 결정을 내리고 정보 탐색과 프로세스 구상도 일의 시작과 동시에 착착 만들어 나간다. 일을 생각하고 진행하는 클래스가 달라진다.

일 처리 방식의 개선은 결과의 양적 차이를 만들어 낸다. 말이 안 되거나 득이 없는 일은 하지 않으니 선택한 일은 크고 작은 결과를

안겨 준다. 게다가 선택과 진행이 빨라지면 일의 시작부터 결과까지의 시간 역시 줄어서 같은 시간에 더 많은 결과를 받아볼 수 있다. 이것으로 더 많은 일을 하게 되고 숙련도는 계속해서 성장하게 된다.

대표를 포함해 사업을 함께 하는 주요 멤버들이 함께 성장하면 이전에는 '아니, 우리가 저걸 어떻게 해?'라고 했던 일들도 어렵지 않게 진행할 수 있게 된다. 결국 사업의 성장으로 이어진다. 일단 해보면 뭐든 결과가 있다는 것을 경험으로 알고 시작하기 때문이다.

54

돈을 배우다

머리로는 이해해도 마음과 몸이 따르지 않을 때가 있다. 특히 새로운 언어를 배우는데 그 언어가 사람들이 잘 쓰지 않은 고대언어라면 더할 것이다. 그 언어는 사업에서 회계다.

회계는 기업의 언어이자 고대언어다. 그 시작을 정확히 알 수는 없지만 '부기'나 '기장' 같은 회계의 기초가 되는 학문을 거슬러 올라가면 인류 최초의 상업에 뿌리를 두고 있을 것이다.

기업의 과거와 현재 그리고 일정 기간의 성과는 백 마디 말보다 한 장의 재무제표가 대신한다. 회계를 배우는 방법은 많다. 대학에서는 경영학부 신입생 시절부터 전공필수 과목으로 배우고 대학이 아니라도 시판되는 책이나 강의를 통해서 누구나 배울 수 있다.

외국어를 공부해 봤을 것이다. 영어는 기본이고 두세 개의 외국어를 공부하는 사람도 있다. 그런데 외국어를 열심히 공부해도 실제 그 언어를 쓰는 사람을 만나거나 그 언어를 사용하는 나라에 가면 말로 내뱉기 어렵다. 회계 역시 언어라서 외국어와 비슷하다. 대학에서 회계원론, 재무회계, 중급회계, 원가회계, 세무회계, 고급회계, 회계감사를 배워도 막상 창업하면 적용이 어렵다. 하지만 세무사 같은 전문가의 도움을 받아 몇 번 해보면 결국에는 할 수 있게 된다. 적용과 경험의 문제인 것이다.

사업을 운영하면서 회계를 하면 이 회계라는 언어의 알파벳 격인 각종 돈에 관해 새로운 시각을 배우게 된다. 창업 전 알던 돈과는 꽤 다른 것들이다. 회사원 시절 돈은 많이 벌고 아끼고 모아서 집 사고 차 사고 시기적절하게 쓰는 것이었다. 회사원은 시간을 써서 돈을 번다. 본인의 자원인 시간을 할애해서 회사를 위해 일하고 노동에 대한 임금을 회사로부터 받는 것이다. 물론 재테크 하면서 돈이 돈을 버는 일을 하기도 하지만 알다시피 그 결과는 마음대로 되지 않는다.

하지만 창업가는 다르다. 창업가도 회사원 처럼 시간을 쓰는 것은 같다. 하지만 시간만 쓴다고 사업이 되지 않는다. 회사원과 다르게 창업가는 시간에 돈을 더 보태 써야 돈을 벌 수 있다. 돈을 써서 사무실을 구하고 직원을 고용하고 집기를 구매하고 원재료를 사서 제품을 만들고 마케팅과 물류까지 해야 비로소 매출이 발생해 회사에 돈으로 돌아온다.

이런 프로세스로 창업 후에는 회계 관점에서 돈을 다루게 된다. 돈을 어떻게 버는 게 더 현명하고 어느 시점에서 어떻게 쓰는 게 더 아끼는 방법인지 배운다. 회계 공부를 넘어 그 회계의 주체가 됨으로써 더 깊게 배우는 것이다.

같은 돈을 벌고 같은 돈을 써도 어떻게 벌고 어떻게 쓰는지에 따라 남는 돈이 달라진다. 또 투자금이나 정부지원금 등을 활용해 다양한 종류의 돈을 효율적으로 배치하고 사용하는 경험을 할 수 있다. 돈을 아낄 때도 무작정 절약하는 게 아니라 반복되는 프로세스에서 절약할 수 있는 돈이나 대체할 수 있는 비용을 찾아내야 결국 더 큰 돈이 절약된다는 것도 배울 수 있다.

똑같은 종이 한 장도 사람마다 쓰는 방법은 다르다. 종이비행기로 접어서 갖고 노는 사람, 글을 써서 정보를 전달하는 사람, 그림을 그려 예술품을 만드는 사람, 불을 지펴 열을 얻는 사람 등 인풋Input은 같아도 아웃풋Output이 다르다. 돈도 마찬가지다. 같은 양의 돈이라도 누가 어디에 어떻게 사용하는지에 따라 그 결과는 크게 다르다. 돈이 갖는 힘도 달라져서 같은 금액도 그 가치와 가성비가 달라진다.

창업가는 돈을 집행하기 전에 ROI 투자자본수익률, Return On Investment 를 계산해보고 더 현명한 방식으로 돈을 활용하게 된다. 이런 과정이 반복되면 회계라는 언어에 익숙해지고 돈의 성질과 속성을 더 이해하게 된다. 이로써 천문학적인 돈의 흐름이 만들어 내는 경제에 더 관심을 갖게 되고 그 영향이 자신과 회사에 어떤 영향을 미칠지 예측하게 된다.

돈에 대한 배움은 창업을 통해 배우는 다른 것과 마찬가지로 개인의 삶에 영향을 준다. 수억 원에서 수십 수백억 또는 그 이상이 돌아가는 사업을 운영하다 보면 수천만 원에서 수억 원이 돌아가는 가계경제는 비교적 쉽다. 어디에 돈을 지출하고 어느 부분에서 절약할 것인지에 대한 계획이 비교적 쉽게 만들어지는 것이다. 돈과 회계를 제대로 배워두면 여기저기 쓸 일이 많다.

우리가 취업하든 창업하든 그 목적은 돈에 있다. 그러니 돈 벌고 돈 배우는 창업, 참으로 감사한 일 아닐까?

55

시간을 쓰다

"시간은 중요한 것이 아니라 유일한 것이다."

재즈의 대명사, 천재적인 트럼펫 연주가 마일스 데이비스가 한 말이다. 시간이 유일하다는 견해는 찬반이 나뉠 수 있다. 하지만 잘 생각하면 어렵지 않게 이해할 수 있다.

시간은 누구에게나 공평하게 흐른다. 시간을 거스를 만큼 빠른 속도로 이동하지 않는 이상 대체로 시간은 모두에게 똑같이 적용된다. 『당신들의 조국』Fatherland과 『유령작가』The ghost writer 등의 팩션 Faction작품으로 유명한 영국의 작가 로버트 해리스는 시간에 대해 이렇게 말했다.

"인생의 진정한 통화는 돈이 아니라 시간이고 우리 모두는 이것에 제한된 양을 갖고 있다."

우리는 시간을 활용해서 모든 것을 한다. 돈도 시간을 써서 번다. 그리고 그 돈으로 우리에게 필요한 물건이나 서비스를 구매한다. 그렇게 구매한 물건이나 서비스는 결국 다시 우리의 시간에 필요한 역할을 한다. 더 건강한 생활을 하기 위해 균형 잡힌 식사를 하는 시간, 목적지로 이동하는데 자동차를 활용한 시간 등이다. 이 관점에서 보면 돈은 단지 시간을 교환하기 위해 편리한 환산을 제공하는 매개체에 불과하다. 시간은 돈을 살 수 있지만 돈은 시간을 사지 못하기 때문이다. 물론 과학과 의학이 더 눈부신 발전을 거쳐 영겁의 시간을 돈으로 살 수 있다 해도 결국 이때 필요한 돈을 살 수 있는 건 시간이다. 시간을 써서 돈을 벌어야 하기 때문이다. 그렇기에 시간은 사실상 우리가 다룰 수 있는 유일한 자원인 셈이다. 그리고 우리에게 이 시간은 유한하다.

돈이 어느 시점에 어떻게 쓰이는지에 따라 가치가 다르듯 시간도 시기에 따라 가치가 달라진다. 80대가 넘는 노년기 삶의 시간과 2~30대의 혈기 왕성한 시기의 시간이 어떻게 같겠는가? 돈을 벌어들이는 것만큼 새는 돈을 막는 것이 중요하듯 시간도 그냥 보내는 시간을 막아야 더 효율적으로 쓸 수 있다.

직장생활을 하는 사람중에는 시간을 '보내는' 사람들이 많다. 나 역시 예외는 아니었다. 시간을 '쓴다'가 아니라 '보낸다'고 한 것은 자율 없는 시간은 쓰는 것보다 보내는 것에 가깝기 때문이다. 자율은 원하는 것을 원하는 시점에 할 수 있는 것이다. 하지만 직장인들에게 이런 자율은 제한된다. 회사와의 신의를 생각해보면 제한되는 것이 일정 부분 마땅하기도 하다.

그래서 직장인들 대부분 출근하고 나면 퇴근을 기다린다. 금요일 오후에는 기분이 좋아지고 일요일 오후쯤에는 다음날 출근 생각에 심기가 불편해진다. 이동시간과 점심시간을 포함해 하루에 10시간 정도를 직장에서 보내면 하루 24시간 중 40% 이상을 보내는 것이다. 심지어 24시간 중 최소한의 건강을 위해 유지해야 하는 6시간 정도의 수면 시간을 뺀 18시간 중에서 생각하면 55% 넘는 시간을 직장에서 보내는 것이다. 직장에서 보내는 시간은 시간 가치가 더 높은 시기다. 20대에서 시작해 50대까지 이 황금 같은 시간을 써버리는 것이다.

그러면 여기서 생각해야 하는 것은 과연 이 거래가 자신에게 공정한지를 따져봐야 한다. 본인의 시간 중 가장 귀한 시기의 반 이상을 투자할 만큼 댓가를 얻는지에 대한 수지 타산을 따져봐야 하는 것이다. 물론 직장에서 사명감을 갖고 매시간을 귀중히 쓰며 많은 것을 배우고 본인의 삶을 하나하나 채워나가는 사람도 있다. 하지만 드물다. 따라서 시간을 보내는 것이 아니라 시간을 쓰는 방법을 찾아야 한다.

미국의 연쇄창업가이자 동기부여 연설가인 마이클 알츠슐러는 "나쁜 소식은 시간이 날아간다는 것이고 좋은 소식은 당신이 그 날아가는 시간의 파일럿이라는 것이다."라고 말했다. 우리의 유일한 자원인 시간을 유용하게 쓰기 위해서는 스스로 자신의 시간에 조종간을 잡는 파일럿이 돼야 한다. 그렇게 하는 여러 방법이 있고 이 책에서 추천하는 하나의 방법이 바로 창업가가 되는 것이다.

창업하고 나면 늘 시간이 부족하다. 해야 할 일이 너무 많아서 물리적인 시간이 부족하다. 창업 초기에 특히 그렇다. 창업이 궤도에 오르고 안정적인 상태에 들어가면 보통의 경우는 여유 있게 시간의 주도권을 잡게 된다.

창업 초기, 시간이 부족한 와중에서도 자율은 보장된다. 누군가 함께 해야 할 일이라면 주중 오전 9시에서 오후 6시에 끝내야 하지만 이런 일들보다는 시간과 관계없이 할 수 있는 일들이 더 많다. 그러니 자율적으로 우선순위를 생각해 일하면 된다. 꼭 일주일에 5일씩 하루 10시간을 회사에 앉아 있을 필요가 없다. 이것으로 삶의 많은 부분이 안정된다. 일 외에 더 중요한 것들을 우선 배치하고 일은 집중력 있게 일할 수 있는 시간과 장소를 선택해 배치하면 되기 때문이다.

시간을 조종하는 파일럿, 창업가.

인생의 유일하고 귀한 자원인 시간을 효율적으로 사용할 수 있는 시간의 자율은 창업을 통해 얻을 수 있는 가장 귀한 선물이다.

56

만문불여일행 萬聞不如一行

"언제든, 내가 원하는 사람들과 함께 원하는 나라로 여행할 수 있는 시간과 돈이 있습니다."

성공한 사람들의 인터뷰에 종종 나오는 말이다. 여행을 무척 좋아하고 새로운 경험을 삶의 큰 가치로 삼는 사람들이 있다. 새로운 국가나 장소로의 여행뿐 아니라 새로운 경험이 주는 만족은 우리가 생각하는 것보다 크다. 출처가 불분명하지만 SNS나 인터넷 콘텐츠에서 말하는 여행이나 새로운 경험이 주는 쾌감은 오르가즘에 버금가는 쾌감이다. 우습게 들릴 수도 있지만 창업의 경험으로도 엄청난 쾌감을 맛볼 수 있다.

창업하고 나면 '세상에 이런 일을 하는 사람도 있구나' 또는 '세상을 이렇게 살아가는 사람이 있구나'라는 생각이 들 정도로 다양한 사람을 만날 수 있다. KBS2 방송국에서 〈체험 삶의 현장〉이라는 프로그램이 방영된 적 있다. 연예인들이 일손이 필요한 현장에 나가서 노동하고 일당을 받아오는 내용인데 상당히 재미있고 배울 점도 있었다. 보면서 '세상에 저런 일도 있구나'라는 생각이 많이 들었는데 창업하면 정말이지 심심치 않게 그런 기분을 다시 느껴볼 수 있다. 심지어 직접 하면서.

먼저 모든 종류의 창업은 아이템과 상관없이 커다란 공통분모를 갖고 있다. 과수원 농사로 과일 판매를 하든 블록체인을 개발해 새로운 가상 플랫폼을 만들든 딱히 큰 차이가 없다. 무슨 아이템이든 어떤 일이든, 대부분의 일은 회사 운영이다. 회계·재무·총무·인사·법무·세무 등, 회사의 운영과 관리가 일의 대부분을 차지한다. 인간과 침팬지의 DNA가 1% 정도만 다른 것과 비슷한 개념이다. 겉보기에 완전히 달라 보여도 막상 만들고 운영하고 지속할 수 있게 만드는 것은 대동소이하다.

그러다 보니 창업가는 창업 초기에 본인이 생각하고 선택한 '기발한 아이디어'에 대한 일보다 회사 운영과 관리 일을 먼저 배우게 되고 앞으로도 계속하게 될 것이다. 창업하기 전에 회사에서 구경만

하던, 이른바 백오피스 Back Office 업무가 주가 되는 것이다.

따라서 정말 다양한 일을 하게 된다. 출근하면 새로 뽑을 인재의 인사 일을 보다가 점심때쯤 부가세 신고와 관련해 세무사무소 직원과 밥을 먹고 이른 오후에는 투자 유치를 위해 벤처캐피탈 심사역과 차를 마신다. 오후에는 미수금을 받기 위해 법률사무소 직원과 전화상담을 하고 전화를 끊으니 직원이 들어와 사무실 출입 보안이 필요할 것 같다고 한다. 사무실 관리 이야기를 조금 하다가 벤처캐피탈 심사역과 나눈 대화 내용이 생각나 파워포인트를 켜서 보완한다. 늦은 밤이 되어 일이 끝나자 회사에서 새로 만들고 있는 신상품 리서치를 하고 공부하다가 곯아떨어진다. 이것이 흔한, 일반적인 대표의 하루 일과다.

대표의 삶이 이렇다 보니 만나는 사람도 다양하다. 기업 생활을 하는 사람을 만났다고 해보자. 그 사람이 백오피스에 있는 사람이든 연구소에서 R&D를 하는 연구원이든 대표든 무조건 대화가 가능하다! 백오피스야 대표 본인도 거의 백오피스 전문가라서 정말 많은 이야기를 나눌 수 있고 연구원이면 연구 분야가 자신과 무관해도 연구하는 방식이나 연구법에 관해 논의를 할 수 있다.

특히 다양한 일을 하는 대표의 경우 본인이 하는 모든 일에 깊은 조예를 갖는 일이 현실적으로 어렵기 때문에 새롭게 만나는 사람을 통해서 많은 것을 배운다. 가르쳐 주는 사람은 보통 '회사 밖에서 내 일에 관련해 진지하고도 신나게 대화를 나눌 수 있는 사람을 만나다니!' 하면서 신나서 가르쳐 준다. 배우는 사람은 얼마나 고맙겠는가?

대표가 맞는 이런 상황은 창업 하기 전에는 몰랐던 새로운 리그가 열리는 것과 같다. 대표의 자격으로 참석하는 리그다. 이 리그는 다양한 산업에서 산전과 수전, 공중전까지 겪은 괴수 같은 대표들이 우글대는 그런 곳이다. 그리고 그 안에서 정말 많은 것을 배우게 된다. 대표들이 모이는 자리에 가면 소소한 운영관리 이야기에서부터 투자 유치 같이 회사의 존립과 관련된 이야기까지 끊임없이 이어진다. 한번은 직원들 휴가를 여름에 일괄적으로 줄 것인지 혹은 연중 아무 때나 쓸 수 있게 할 것인지를 토론한 적이 있는데 그날 저녁 내내 토론이 이어졌다. 물론 각자 팀이 있지만 홀로 일하는 시간이 많으니 다른 대표들을 만나면 동질감을 갖고 나누고 싶은 이야기가 정말 많은 것이다.

특히 대표들을 만나 창업기를 듣는 것은 천만 관객을 유치한 영화를 보는 것보다 몇 배 즐겁다. 어떻게 시장에서 기회를 찾고 어떤 기술력을 어떤 방식으로 찾았는지, 시장에는 어떻게 진출해 경쟁사와 무슨 일이 있었는지 듣는 것은 정말 흥미진진하다. 아무래도 다른 대표들과의 자리는 술이 함께 하는 저녁 자리가 많은 만큼 평소에는 잘 공개하지 않는 일종의 야사 같은 이면의 이야기들이 나오곤 한다. 그럴 때면 피곤한 외중에도 눈을 번쩍 뜨고 듣게 된다. 그야말로 꿀잼이고 이런 간접 경험을 통해 많은 것을 배울 수 있다.

백문이 불여일견百聞不如一見이라는 말이 있다. 백 번 듣는 것보다 한번 보는 것이 낫다는 뜻이다. 하지만 눈으로 보는 것보다 직접 해보는 것이 훨씬 도움이 된다. 이것은 백견불여일행百見不如一行이라고 표현할 수 있겠다. 백번을 보는 것보다 한번 해보는 것이 더 낫다는 뜻으로 말이다. 일행一行이 백견百見이고 일견一見이 백문百聞이라면 수리적으로 일행一行은 만문萬聞이 된다. 즉 한번 해보는 것이 만번 듣는 것보다 낫다는 말이다. 그리고 이런 만문불여일행萬聞不如一行을 밥 먹듯 매일 하는 사람들이 바로 창업가다.

57

불확실성에 대한 내성

어젯밤 회식 자리에서 함께 파이팅을 외쳤던 직원이 다음날 갑자기 퇴사를 통보한다. 심지어 경쟁회사로 이직하면서 부하직원까지 데리고 가버린다. 그들이 알고 있는 정보도 당연히 따라간다. 웃으면서 계약서를 쓰고 즐겁게 술자리를 하고 돌아와 계약 조건을 이행했는데 끝내 돈을 주지 않는다. 결국 법원에서 다시 얼굴을 보게 된다. 이럴 때면 속담 하나가 떠오를 수밖에 없다. '열 길 물속은 알아도 한 길 사람 속은 모른다.'

특히 속을 알 수 없는 사람은 매우 불확실하다. 마주 보고 이야기를 나누고 있어도 상대의 속마음을 알 방법이 없기 때문이다. 이렇게 불확실한 사람이 하는 일 역시 불확실하다. 일은 사람의 의지에 큰 영향을 받는 데다 그 자체로도 일정부분 불확실성을 내포하고 있기 때문이다. 많은 사람이 모여 다양한 일을 통해 성과를 내는 창업에서는 불확실성이 극에 달한다. 제대로 알고 정확하게 예측할 수 있는 일이 하나도 없다. 될 것 같던 일이 손바닥 뒤집듯 갑자기 되지 않기도 하고 믿었던 사람이 갑자기 돌아서는 일도 허다하다. 이런 불확실성은 사업의 내부 외부 할 것 없이 다채롭게 나타난다.

물류회사를 운영하는 친구에게 미수금 관련 고민을 토로한 적 있다. 받기로 한 용역 금액의 30%를 못 받았는데 도무지 줄 생각이 없어 보이고 연락도 잘 되지 않는 상황이었다. 그랬더니 친구가 어이없는 대답을 했다.

"뭐 70% 받은 거면 그래도 많이 받았네. 나는 50%만 받아도 다음부터는 그냥 그러려니 하고 연락도 안 해. 심지어 미수금이 있는데 또 일을 맡기는 경우가 있거든? 이때도 다시 미수금이 발생하는데 이것도 다 받지도 못해. 그래도 일은 계속 맡기니까 다음번에 단가를 올려서 50%만 받아도 원래의 100%에 수렴하는 수준으로 계약서를 주거나 뭐 그러는 수밖에 없어. 미수금이 발생해도 매출이 있어야 사는 게 회사니까 별수 없지 뭐."

아무리 어이가 없는 일도 반복되다 보면 결국 거기에 적응하고 그 안에서 살 방법을 찾기 마련이다. 미수금이 발생할 걸 알면서도 일을 받는 이 친구처럼 말이다. 불확실성은 때로 상상 못할 결과를 가져올 때도 있다. 실제 발생했던 이야기를 보자.

농산물을 가공해서 유통하는 대표가 지인을 통해 회사를 한 곳 소개받았다. 가공식품을 납품받아 유통업을 해보고 싶다기에 물건을 보내줬다. 대금을 미리 받는 것이 관례지만 워낙 급하다는 말에 우선 물건부터 보냈는데 아나나 다를까 계속 대금을 치르지 않았다. 지인을 통해 알아본 바로는 납품받은 물건을 전부 팔아 매출이 발생했고 분명 수중에 돈이 있을 것인데도 주지 않았다. 결국 소송을 준비하던 찰나에 그가 스스로 목숨을 끊어버렸다. 힘들어하고 있을 유가족들 상대로 차마 미수금을 받을 수 없던 대표는 결국 손실로 처리하는 수밖에 없었다.

결론부터 말하면 불확실성은 결국 안고 가야 한다는 것이다. 어떤 게 불확실하다는 것은 그 결과가 본인의 예상과 유사하거나 다르게 나오거나 최악의 경우 상상 못한 결과가 나오는 등 다양한 결과가 나오는 것이다. 불확실성이 포함된 결과치에 대비는 사실상 어렵다. 어떻게 대비를 해도 상상을 벗어난 값이 나올 수도 있어서 예방은 불가능에 가깝다. 결국 할 수 있는 것은 결과에 대한 수습 정도다. 하지만 이런 불확실성 때문에 일을 하지 않을 수 없다. 구더기

무섭다고 장을 담그지 못해서야 되겠는가. 따라서 이런 불확실성을 받아들이고 익숙해지는 것이 최선이다.

영국의 가수 빌리 오션의 노래 'When the going gets tough' 안에 다음과 같은 가사가 있다. "앞으로 나아가는 것이 터프해지면 터프함이 나아간다."When the going gets tough, the tough get going

한글로 정확히 번역하기 힘든 구절인데 의역하면, '내가 하는 일이 힘들어질수록 이는 결국 나를 더 강하게 만든다'는 말이다. 빌리 오션의 노랫말 처럼 적응하는 동물인 사람은 결국 수많은 불확실성에 적응할 것이고 이를 통해 더 크게 발전할 것이다.

예상치 못한 일에 살이 찢기는 상처를 입는다. 시간이 지나 상처가 아물고 흉터가 생긴다. 그리고 또 예상하지 못한 일이 생겨 상처를 입고 새살이 돋기를 반복하면 그 자리에 굳은살이 생긴다. 굳은살이 딱딱하게 생긴 자리는 신경이 자리 잡지 못해서 바늘로 찔러도 덜 아프다. 불확실성을 안고 살다 보면 결국 내성이 생겨서 마음속 한편에 굳은살이 자리 잡는다.

중요한 것은 불확실성은 나쁘게만 발현되는 것이 아니라는 사실이다. 될 법한 일이 되지 않기도 하지만 안될 것 같은 일이 되기도 한다. 꼭 나쁜 것만은 아니다. 그러니 그냥 덤덤하게 '그럴 수 있지'라는 생각으로 받아들이면 된다. '모든 것은 불확실하다'라는 사실 말고 확실한 것은 없다. 별수 없다. 확실하지는 않다는 것을 받아들이고 대비하는 수밖에.

58
인생 레버리지

회사 다닐 때는 일과 삶이 명확히 구분된다. 회사에서는 자신에게 주어진 일을 잘하면 되고 집에서는 본래 본인의 모습으로 돌아와 생활을 할 수 있다. 회사의 존속 같이 중요한 문제를 다루는 중역의 위치에 오르기 전까지는 어느 정도 고민거리는 있어도 일 고민을 집까지 싸 들고 오지 않는다.

하지만 창업하면 그럴 수 없다. 창업 초기에는 일이 많아 집에서도 일하거나 머릿속이 온통 일 생각이어서 일과 삶의 경계가 허물어지기 쉽다. 사업이 일정 수준에 올라 안정되면 집에서 일하지 않을 수도 있지만 생각까지 멈추기 쉽지 않다. 언제 사고가 터질지 모르고 불확실성도 항상 있어서 마치 전쟁터에 있는 것처럼 몸과 마음 전체를 이완시키고 있기 어렵다. 재벌이 나오는 드라마 속 회장님들처럼 집에서도 일하고 있다고 생각하면 된다. 어찌 보면 창업이 가지는 레버리지 Leverage다.

공동창업팀이 함께 창업하면 회사 내부에 레버리지 효과가 자연스럽게 나타난다. 팀원 1은 CEO 역할로 대표의 일에 집중할 수 있게 해주고 팀원 2는 CTO 역할로 개발에 몰두해 새로운 상품과 서비스를 만들고 팀원 3은 CDO의 역할로 회사의 디자인 방향성을 총괄하고 팀원 4는 CMO로 마케팅을 담당하고 팀원 5는 COO로 회사 전반에 걸친 운영을 담당하고 팀원 6은 CFO로 회사의 재무 관련된 일을 하는 식이다. 각자 맡은 일을 잘 해내서 공동창업팀원끼리 의심하거나 걱정하지 않고 하나로 회사 전체를 운영할 수 있게 해준다. 이런 긍정적인 요소가 팀 창업의 가장 큰 장점이다.

여기서 끝이 아니다. 이렇게 시작된 서로에 대한 믿음은 창업과 관련된 일에서 나아가 개인의 삶의 영역까지도 영향을 미칠 수 있다. 이는 마치 학생 시절 시험 기간에 친한 친구와 함께 서로 시험 범위를 나눠 공부하고 서로 가르치는 것 같은 느낌과 비슷하다. 아래와 예시를 보자.

1. CEO인 팀원 1은 평소 부동산에 관심이 많아 월세, 전세, 매매에 지식이 많다.
2. CTO인 팀원 2는 핸드폰, 가전 등 전자 제품 지식이 풍부하다.
3. CDO인 팀원 3은 자동차회사 출신으로 차에 대해 아는 것이 많다.

이런 상황에서 부동산 관련 이슈는 팀원 1에게, 핸드폰을 바꾸거나 집에 가전제품을 새로 살 때는 팀원 2, 차에 문제가 생기거나 자동차를 새로 구매할 때는 팀원 3의 도움을 받으면 된다.

'이런 정도는 원래 친구들끼리 서로 돕는 거 아니야?'라고 생각할 수 있지만 사회생활이 기간이 길어지면 각자 결혼, 출산, 육아로 친구라도 이런 사적인 부분까지 얘기 하는 게 쉽지 않다. 1년에 한두 번 겨우 만나 밀린 안부를 물어보기 바쁠 수 있고 직장 동료 역시 마찬가지다. 일정 수준까지는 물어볼 수 있지만 그 정보만 믿고 큰일을 결정하기 쉽지 않다.

하지만 공동창업팀은 다르다. 그들과는 인생에 큰 영향을 끼칠 수 있는 모험을 함께 시작하고 헤쳐 나가는 전우애가 있다. 서로를 믿고 등을 맡긴 경험이 있기에 신뢰 역시 단단하다. 이런 신뢰를 기반으로 많은 부분에서 서로를 돕는 것이다.

부동산 매매 같은 큰 결정을 제외하면 사실 인생에서 대부분의 선택은 거기서 거기인 경우가 많다. 따라서 어떤 정보에 기반해서 결정한들 크게 달라질 것은 없다. 직장 동료가 주는 정보든 공동창업팀의 팀원이 주는 정보든 그 정보 자체가 갖는 가치는 차이가 거의 없다. 하지만 정보를 주는 사람에 따라 정보에 대한 신뢰도가 달라지고 결국 시간 절약으로 이어질 수 있다.

신뢰하는 사람이 준 정보에 따른 의사 결정, 때로 아예 대신 일해주는 경험들이 쌓이면 회사 내부에서 시작된 레버리지 효과가 회사 밖으로 흘러 삶에도 영향을 끼치기 시작한다. 팀원 개개인의 인생 자체가 레버리지 효과를 얻어 삶이 더 단순해지고 편해지는 것이다. 이렇게 절약된 시간과 에너지는 결국 팀원 개개인의 삶을 윤택하게 만들어주고 다시 돌아와 함께 창업한 회사에까지 좋은 영향을 미치게 된다. 레버리지의 선순환 구조가 만들어지는 것이다. 그러니 바라건대 신뢰할 수 있는 팀 창업으로 이런 인생 레버리지 효과를 만끽해 보자!

59

남에게 받는 인정보다 내가 나에게
준 인정이 더 크고 오래간다

'만약에 그때 다른 결정을 했더라면, 더 잘했더라면, 지금과 다를
텐데'

살면서 누구나 한 번쯤 하는 후회다. 후회라는 단어 앞에는 '늦은'
이라는 형용사가 올 수 없다. 모든 후회는 이미 늦었기 때문이다. 후
회할 일 없이 사는 것만으로 충분히 성공한 삶이다. '후회 없이 사는
게 어떻게 가능한가?'라고 생각했었다. 창업을 하기 전까지는 말이
다. 후회는 현재에 만족하지 못하는 것이다. 물론 현재에 만족해도
'더 잘할 수 있었는데'라고 생각 할 수 있지만 이건 아쉬움이다.

창업한 사업이 적정 궤도에 오르면 현재에 만족하기 조금 쉽다.

만족보다는 감사하다는 표현이 더 맞을 수도 있겠다. 창업하고 계속 사업을 운영하는 지금까지, 도중에 발생한 많은 사건과 변수들이 엄청난 행운의 연속이었고 함께 해온 이들이 고마운 인연이었음을 깨닫게 되기 때문이다.

스스로 사업을 일궈서 본인과 가족을 부양하고 나아가 직원들에게 매달 밀리지 않고 월급을 줄 수 있음에 감사하게 된다. 다니던 직장 회의실보다 작은 사무실에 있어도 뜻 맞는 사람들과 함께 비전을 공유하며 미래를 바라볼 수 있는 것에 감사한다. 회사가 망하지 않게 매달 발생하는 매출에 감사하고 매출에서 비용을 제하고 이익이 남는다는 사실도 감사하다. 창업가들은 모두 기적과 같은 시간을 살아가는 것이다.

물론 더 잘할 수 있었다는 아쉬움은 있다. 하지만 끝날 때까지는 끝이 아니다. 아직 더 오를 곳이 있다는 것에 감사함을 느낀다. 그리고 이런 감사함으로부터 큰 선물을 받는다. 스스로에 대한 인정, 바로 자인自認이다.

고생해서 이룬 것을 남에게 인정받는 것은 가치있다. 하지만 자인에 비할 것은 못 된다. 남에게 받은 인정은 그 힘이 오래 가지 못한다. 인정받는 순간의 희열은 높을 수 있다. 그러나 그 희열이 몇 달, 몇 해 지속되는 경우는 드물다. 하지만 자인은 다르다. 자신이 이룬 것을 인정한 순간의 희열이 높지 않아도 두고두고 곱씹으며 내가 걸어온 길에 자부심이 생긴다. 자인의 힘은 상상 이상이다. 후회가 연속되는 삶에서 이미 발생한 후회를 없애는 효과까지 있기 때문이다.

'Connecting the dots', 점들을 연결한다는 의미다. 이와 관련해 여러 권의 책이 집필되기도 했지만 스티브잡스가 2005년 미국 스탠포드 대학 학위 수여식 연설에서 언급하면서 더 유명해졌다.

"앞을 보고는 점들을 연결할 수 없고 뒤를 봐야만 점들을 연결할 수 있다. 그렇기에 이 점들이 자신의 미래에 어떻게든 연결 된다는 것을 믿어야 한다."

잡스가 말한 Connecting the dots의 핵심은 경험에서 쓸모없는 우연은 없으며 쓸모없다고 생각했던 점들이 하나의 선으로 연결되는 순간이 온다는 것이다. 그러면서 하나의 예시로 자신이 대학 재학 시절 교양 수업으로 들었던 캘리그라피 수업의 영향 덕분에 초기 맥킨토시 컴퓨터에 예쁜 서체를 넣을 수 있었고 이는 맥킨토시의 성공에 큰 영향을 미쳤다고 말했다.

여기서 중요한 건 잡스의 말처럼 '점들은 뒤, 즉 과거를 봤을 때 연결 될 수 있다'라는 것이다. 현재의 시점에서 아직 찍지도 않은 미래의 점들을 예상하고 선을 긋는 것은 무의미하다. 현재를 이루는 것들은 결국, 과거에 본인이 찍은 점들이 만들어낸 것이다.

자신이 창업해서 이룬 것들은 과거에 내가 어떤 짓-멍청하거나 후회가 남는 행동이라도 그것들이 현재의 성취를 만들어 낸 필연적인 요소들이라는 점이다. 이로써 과거에 대한 후회를 없애고 심지어 과거의 가치마저 바꾸게 된다. 다시 말해 나의 현재가 기적처럼 귀한 것을 인정하면 이것을 만들어낸 과거는 모두 귀하다. 그 행동과 사연들에 대한 평가가 좋든 나쁘든 현재를 이룬 수많은 점 가운데 하나가 될 뿐이다. 후회되는 요소가 있어도 그게 없었다면 지금의 기적도 없다.

그러니 후회되는 일들이 있다면, 다른 길을 선택해 지금과 다른 삶을 살아보고 싶다면, 자신을 인정할 수 있게 하면 된다. 현재에 만족하고 감사할 수 있어야만 자인自認할 수 있고 이것은 과거에 대한 후회를 없애주고 궁극적으로는 과거를 가치 있게 만들어준다. 나에게 있어 이것을 가능하게 해준 변곡점Dot은 바로 창업이었다.

60

이제 선택만이 남았다

"수능 공부하느라 힘들지? 그래도 좋은 대학에 가야 훌륭한 사람 된다."

"대학도 들어갔는데 더 늦기 전에 군대 가야지?"

"이제 군대도 다녀왔는데 자격증도 따고 좋은 회사에 취직해야 지?"

"취직도 했는데 결혼도 하고 애도 낳고 효도해야지?"

"애들은 요새 공부 잘하고 있니? 좋은 대학 가야 할 텐데."

매년 두 번 설과 추석이 되면 듣는 덕담을 가장한 궤도설정이다. 어쩌면 삶의 이정표처럼 보이는 이런 말들은 세대를 거쳐 진행되는 무한궤도 같다.

우리 삶은 우리가 원하거나 말거나 보통의 궤도에서 시작한다. 사회가 나에게 제공하는 일종의 안전망이자 혜택이다. 궤도가 나쁜 건 아니다. 이런 궤도는 선진화된 국가에서 태어났다는 걸 의미하기도 한다.

산부인과에서 태어나 출생신고를 하고 어린이집, 놀이학교, 유치원을 거쳐 초등학교에서 공교육을 시작한다. 중학교, 고등학교를 마치고 대학에 들어가 짧으면 2년 길면 10년 넘게 공부를 더 한다. 직업을 선택해 취직하고 때가 되면 짝을 만나 결혼하고 출산하고 육아까지 한다. 시간이 흘러 퇴직하고 다른 일을 조금 하면서 노년을 보내다 삶을 마감한다. 보편적인 궤도다. 그리고 이 궤도를 잘 따라가면 사회에서 쓸모 있는 사람으로 취급받는다.

사람들은 이런 사회적 궤도에 따르라고 권한다. 궤도를 따라가면 어느 정도의 미래가 보장되는 게 사실이다. 궤도에 따르라고 하는 사람들 역시 궤도를 따라 살아온 사람들이다. 그래서 궤도 밖 세상을 모르는 데서 오는 두려움 또는 궤도 따라 살아온 자신에 대한 자기합리화가 궤도 권장에 한몫했을 것이다. 요컨대 궤도 밖에서 살아본 나는 궤도를 그다지 권장하지 않는다.

궤도는 안전할 수 있지만 그만큼 경쟁이 심하다. 동년배끼리만 경쟁하는 것은 아니라서 위아래로 몇 해를 더하면 수백만 명이 같은 지점의 궤도에서 경쟁한다. 이런 사실은 대기업 입사 경쟁률만 봐도 쉽게 알 수 있다.

이런 경쟁에서 이기는 방법은 간단하다. 부모님과 선생님 말씀 잘 듣고 엉덩이 무겁게 자리에 앉아 열심히 공부하고 시험 잘 봐서 좋은 대학 유망한 전공을 선택하면 된다. 학점관리도 잘하고 인턴, 공모전, 해외연수, 교환학생, 봉사활동 등 다양한 경험으로 자신의 포트폴리오를 만들면 된다. 오비탈 엘리트Orbital Elite, 궤도에서의 엘리트 가 되는 것이다.

이런 엘리트들은 원하는 곳에 갈 수 있는 경쟁력을 갖게 된다. 대기업, 공기업, 상급 공무원, 전문직이 되는 것이다. 그때부터 짧게는 20년, 길게는 30년 넘게 궤도 위를 달려 종착역으로 향한다. 물론 궤도 안의 세상은 안전하다. 이미 많은 사람이 지나간 길이기에 완벽하게 검증돼 있고 개선의 여지가 없을 정도로 길이 잘 닦여 있다. 따라서 큰 위험 없이 오래 생존할 수 있다.

하지만 궤도에는 분명 끝이 있다. 30년 직장 생활이 끝나면 싫든 좋든 궤도에서 벗어나 자신만의 길을 가야 한다. 그리고 여기에 하나 더, 생각보다 많은 사람이 궤도의 끝까지 가보지 못하고 중간에 강제로 탈선을 당한다. 정년퇴직 비율은 생각보다 높지 않기 때문이다.

누구는 궤도에 만족하겠지만 누구는 만족하지 못한다. 오비탈 엘리트가 되기 위해 바친 노력에 비해 보상이 마음에 들지 않을 수 있고 안정적으로 사는 것만이 세상 사는 이유가 아니라고 느낄 수도 있다. 또는 30년이 너무 길어 무료함을 느낄 수도 있다. 이런 요인들이 작용하면 궤도로부터 배신감을 느낀다. 기대했던 것과 너무 다르기 때문이다. 누군가는 낭중지추囊中之錐가 되어 본인을 감싸고 있던 주머니를 뚫고 나온다. 궤도에서 이탈하는 것이다.

그렇게 나온 궤도 밖은 힘들다. 오랫동안 익숙했던 중력에서 벗어나 더 강한 대기의 압력을 받을 수도 있고 반대로 무중력이 되어 허공을 허우적댈 수도 있다. 하지만 버텨라. 당신을 죽이지 못하는 고통은 오히려 당신을 성장시키는 밑거름이 될 뿐이다. 궤도 밖 세상에도 익숙해지면 궤도 밖에서도 엘리트가 될 것이다.

우리 삶은 등산과 닮아있다. 정해진 등산로를 따라 올라가면 누구나 걷는 길을 걸어서 누구나 보는 광경을 볼 것이다. 하지만 등산로를 벗어나 풀숲을 헤치고 올라가면 중간에 산짐승도 마주칠 수 있고 운이 좋으면 약초도 캐고 더 운이 좋으면 산삼을 발견할 수도 있다. 같은 시간을 다르게 보내는 것이다. 궤도 안과 밖의 차이는 이뿐이다.

우리 모두 언젠가 궤도로부터 독립해야 한다. 이것은 변함없는 사실이다. 단지 시점이 언제인지가 이슈일 뿐이다. 어느 순간이 될 지는 모르겠지만 이것에 대한 인지와 생각, 계획과 실천, 모두 나의 선택이다. 내가 선택한 등산로가 창업이었을 뿐 꼭 창업이 아니어 도 된다. 이제 선택만이 남았다.

EPILOGUE

동지를 위한 헌정문

　시뻘건 눈. 그 안에서 쿵쾅거리는 심장 소리. 뜨겁게 달아오르는
가슴. 뭐라고 딱 잘라 말할 수 없지만 끓어오르는 복받치는 감정과
생각들이 얽힌 그런 열기가 이 책을 통해 일어났기를 바랍니다.

　이 감정과 생각이 가득 차 잠들지 못하는 날이 쌓이고 반복되다,
드디어 도전을 시작하는 날을 맞으시기 바랍니다.

　누군가는 쉬운 일도 또 다른 사람에게는 어려운 일이 되고, 나에
게 쉬운 일이 누군가에게는 불가능해 보이는 일이 될 수 있음을 기
억합시다. 그러니 부디 고개를 돌리지 말고 앞만 보고 묵묵히 걸어
나가시기를.

힘들면 잠시 숨 고르고 다시 일어설 기력이 회복되면 이제 나만의 경주에 다시 들어가는 그런 시간을 가지시길 바랍니다.

지금이 미래 그 어느 날을 위해 희생될 수는 있어도 지금의 경험들은 미래를 위해 희생되지 않습니다. 덕분에 성공하겠다는 목표보다는 실패와 포기 속에서 일어나는 가치와 즐거움을 쟁취하시기 바랍니다. 행운을 빕니다.

열 가지를 언급해도 열 가지 모두 힘든 일 투성으로 시작하는 창업을 권하는 책이라서 사과로 서문을 시작했습니다. 한 권의 책으로 모일 만큼 다양한 설득과 주장을 담는 것은 힘든 작업이었지만 무엇보다 뜨거운 마음과 생각을 모두 쏟고 나니 마지막은 감사의 마음을 전하고 싶습니다.

제 경험과 지식을 책으로 만들어 주신 서진 대표님과 스노우폭스북스 임직원분들께 깊은 감사의 말씀을 전하고 싶습니다. 책을 기획하고 쓰고 만드는 모든 과정이 빛나는 여정이었습니다.

책을 쓰는 내내 저와 가장 신나게 놀아준 우리 딸, 제 말과 행동이 생각을 앞서지 않게 잡아준 아내, 아직도 여전히 슈퍼맨인 아버지, 7전 8기를 몸소 보여주고 계시는 어머니, 멀리서 늘 응원을 보내준 누나, 커다란 나무 그늘과 같은 편안함을 제공해주신 장모님께 사랑을 담아 무한한 감사의 말씀을 드립니다.

놀라운 관찰력과 세심한 통찰력을 지닌 윤하림 대표, 한계가 없는 퍼포먼스의 허범석 사장, 무한한 체력과 근성의 이유환 대표, 모두를 챙기는 회사의 엄마 이세원 실장, 호수와 같이 차분한 심지의 박주호 팀장, 누구보다 멋진 20대를 그려가는 김태형 매니저를 비롯해 그간 우리 비더시드와 함께 해주신 모든 임직원과 관계사 여러분께도 감사의 말씀을 전합니다.

가르칠 수 있는 기회를 주심으로 제가 더 배울 수 있게 해주신 세종대학교 융합창업전공 강원 교수님, 오혜미 교수님 그리고 우리 제자 학생분들께도 감사의 말씀을 드립니다.

마지막으로 이 책을 선택해 읽어주신 독자님께 감사의 마음을 받칩니다. 감사합니다.

2023년 6월 궤도 밖에서

창업가 이정협 올림.

leejunghyub@gmail.com

당신은 창업하지 않을 수 없다

초판 1쇄 인쇄 2023년 6월 5일
1판 2쇄 발행 2023년 8월 30일

펴낸곳   스노우폭스북스
발행인   서진

지은이   이정협

기획·편집   서진
마케팅   김정현, 이민우, 김은비
영업   이동진

디자인   양은경

주소   경기도 파주시 광인사길 209, 202호
대표번호   031-927-9965
팩스   070-7589-0721
전자우편   edit@sfbooks.co.kr
출판신고   2015년 8월 7일 제406-2015-000159

ISBN 979-11-91769-43-2 (03190)
값 16,800원